오직 사랑을 위해
머나먼 7,300km의 거리를 날아온
사랑스러운 로아와

그 사랑을 지키기 위해
매일 조금씩 노력 중인
내 동생에게

7,300km를 날아온

로아 *

7,300km를 날아온

로아*

추 민 지
연애관찰
에 세 이

어텀브리즈

7,300km를 날아온 로아

몸을 사리고, 손해 보기 싫어 더 나은 선택이 없는지 끊임없이 재고 따지는 시대에, 한 여자가 한 번도 만난 적 없는 사람과 결혼하기 위해 지구 반대편에서 왔다면, 우리는 과연 그 둘의 사랑을 믿을 수 있을까?

조카의 돌잔치 날이었다. 호텔에 도착했다는 동생의 전화에 나는 주위를 두리번거리며 그를 찾았다. 사람들이 바글바글 모여있는 입구에서 유독 젊고 파릇파릇한 커플이 손을 잡고 걸어오는 게 보였다. 오랜만에 본 동생은 지난 만남 때보다는 살이 빠져 있었다. 운동으로 다져진 듬직한 몸이 드디어 각이 나오기 시작했다.

그런데 동생의 오른팔에는 분홍색의 사람 상반신 크기만 한, 그와는 전혀 어울리지 않는 인형이 하나 안겨 있었다. 그리고 옆에는 활짝 웃으며 걸어오는 로아가 허리까지 오는 까맣고 긴 머리카락을 뒤로 질끈 묶고는, 까만색 원피스 그리고 까만 스타킹에 까만 구두를 신은 채 어느 한국 여자 못지않을 만큼 점잖은 복장으로 나타났다. 그녀는 마치 주위에 꽃가루가 날리는 것처럼 화사했고, 따스한 빛은 온통 통창으로 쏟아져 나와 그녀의 앞길을 눈부시게 밝혔다.

로아는 늘 그렇듯 나를 보자마자 와락 껴안는 걸로 인사를 대신했다. 이국적인 외모와 안 어울리게 지극히 한국인들이 입을 만한 원피스를 대체 어디서 구했냐고 물으니, 로아는 이렇게 단숨에 말했다.

"오늘 여기 오려고 아울렛 가서 원피스부터, 스타킹, 그리고 구두까지 샀어! 한국 사람들이 많이 입는 걸로."

로아는 그 말이 끝나자마자 내 앞에서 한 바퀴 빙그르르 돌았고, 원피스 치마 끝자락은 종아리를 살짝 보이다가 다시 덮었다. 나는 그 모습이 무척이나 귀여워 웃으며 말했다.

　"혼자서? 대단한데? 너무 예쁘다!"

　"카카오맵이랑 카드만 있으면 어디든 갈 수 있어!" 로아는 상큼한 표정으로 고개를 옆으로 까딱하고, 눈을 찡긋했다. 만화에서나 보던 제스처였다.

　나는 동생 손에 든 인형을 그제야 다시 확인했다.

　"결국... 인형을 가져왔구나!"

　로아는 소파에 앉아 옆에 인형을 두고는 꼭 끌어안았다. 긴 분홍 머리에 얼굴의 반은 차지할 듯한 큰 눈 그리고 하늘색 날개가 달린 인형은 로아의 사랑스러움을 똑 닮았다. 돌잔치 날 이렇게 부피 큰 인형을 가져오는 사람이 아무도 없던지라 뷔페 입장을 기다리는 사람들의 시선이 모두 집중됐다.

　인형의 전말은 이러했다. 돌잔치 전날, 돌잔치 선물을 준비하던 로아가 나에게 물었다.

"씨스! 내일 선물 가져갈 건데 어떤 게 좋을까? 몇 가지 아이템 추천해 줘."

씨스는 'sister'의 줄임말로 로아가 나를 부르는 말이다.

"아냐. 너희 같이 오니까 선물 따로 준비 안 해도 돼. 준호가 아마 현금을 준비했을 거야."

"그래도 의미 없는 현금보다는 선물을 해주고 싶어. 인형? 아니면 옷?"

옷은 사이즈를 모르거니와 이미 옷 선물을 많이 받았을 언니를 생각하며 나는 "인형"이라고 말했다. 로아는 그 말에 근처 롯데마트에서 혼자 쇼핑을 하며 장난감 코너에서 제일 마음에 드는 분홍색 여자아이 인형을 사진 찍어 보내고는 "아기방에 놔두면 예쁠 것 같아."라고 말했다.

그런데 몇 분 뒤, 다시 메시지가 왔다.

'준호가 나한테 화를 냈어. 왜 인형 같은 데 돈 쓰냐고.'

그리고 이번엔 동생에게 전화가 왔고, 인사도 없이 다짜고짜 말했다.

"내일 돌잔치에 인형 들고 가도 돼?"

"너는 현금 들고, 로아는 인형 들고 와. 로아도 뭔가 준비해 가는 게 있어야 자기도 낯이 서지."

전화를 끊고 나는 로아에게 답장을 보냈다.

'로아, 아기는 포근한 물건이 필요해. 네가 잘 선택한 거야.'

'내 말이! 아기는 현금 준 건 기억 못 해. 아기는 내가 준 인형과 함께 자랄 거야.'

로아는 언제나 내가 예상하지 못한 말로 내 마음을 따뜻하게 만든다. 둘이 또 싸운 건 아닐까 걱정했지만, 이렇게 나란히 웃으며 오는 걸 보니 내가 또 괜한 걱정을 했던 모양이다.

3년간의 장거리 연애 끝에, 준호와 로아는 처음 만났다. 말 그대로 첫 만남이다. 서로 실제로 만난 다음에 그 후에 장거리 연애를 한 게 아니라 한 번도 만난 적 없이 앱으로 대화를 나누다가 연애를 시작했다.

그날부터 남동생과 로아가 방을 구해서 나가기까지 2주 동안 내 집은 더 이상 '내 집'이 아니었다. 아, 물론 부모님 집이니 엄연히 내 집이라고 말할 수는 없지만. 현관 한 칸은 커플 슬리퍼로 채워졌고, 집 안은 전에 맡아보지 못한 달콤한 향수 냄새로 가득했다. 눈을 뜰 때마다 로아도 일어났는지 살펴보는 게 일상이 되었다. 특히, 언어가 통하지 않는 엄마와 로아 사이에서 통역하랴 운전하랴 눈코 뜰 새 없이 바빴고, 가끔은 이 둘을 동시에 하며 나의 한계를 시험하기도 했다.

이게 다가 아니었다. 혹시라도 돼지고기가 든 음식을 시키지 않았나 화들짝 놀라며 진땀을 흘렸고, 엄마는 늦게 일어나는 로아를 어떻게 깨워야 할지 몰라 방 앞에서 서성였다. 그리고 동생 커플이 현실적인 문제로 싸우면, 나는 커피를 들고 양쪽을 오가며 그들을 달랬다.

나는 혼자가 편하다고 믿었다. 소개팅도 시큰둥했고, 과거의 상처를 매번 누군가에게 투영했다. 다들 마마보이에, 빚쟁이에, 변할 줄 모르는 이기적인 사람들로 세상이 가득해 보였고, 누군가 다가오면 나를 괴롭게 할 요소들이 있는지부터 찾아냈다. 그리고는 이제 상처받기 싫다며 고개를 돌렸다. 누군가를 계속해서 비판하고, 허점을 찾아내는 데에는 도가 텄지만, 그런 것밖에 보지 못하는 나 자신이 싫었다. 괴로웠다.

그렇게 연애 따위는 부질없다고 믿던 내가, 갓 시작한 풋풋하고 열정적인(?) 20대의 연애를 다시 눈앞에서 보게 된 것이다. 그들의 사랑은 내가 상상도 못한 방식으로 시작됐고, 세상에는 바른 형태의 사랑만 있다고 믿던 내 사고를 산산이 부쉈다. 그들은 자신들만의 규칙을 새로 만들어가며 관계를 완성해 갔으며, 내 경험이 전부가 아니라는 것을 알게 만들었다. 사랑을 시작하는 방법은 중요하지 않다. 때로는 그 여정이 꽃밭이 아닌 황무지에서 시작하기도 하니까.

로아를 보고 있으면, 못난 내 지난 시절과 마주하는 듯 괴롭기도 했다. 하지만 동시에 그녀의 솔직함과 용기, 눈빛 속의 생기는 내가 잃어버린 젊음의 한 조각 같아 부러움이 밀려왔다. 그들의 사랑은 내 안의 공허함을 자꾸 두드렸다. 서로 다른 문화, 다른 언어 속에서도 서툴게 부딪히며 웃고 화해하는 그들을 보며 생각했다. 누군가와 함께한다는 건, 서로를 조금씩 봐주고, 기다려주고, 다름을 인정하는 일이라는 걸.

하지만 이 사실을 깨달았다고 해서 내가 갑자기 달라진 건 아니다. 나는 여전히 누군가를 이해하며 평생을 사는 일이 버겁게 느껴지고, 참고 인내하다가 병들까 봐 두렵다. 그게 너무 무서워서 계속 신중해지고, 신중해져서 나중에는 아예 누구도 못 만나지 않을까 봐 겁이 난다. 하지만 이 둘의 만남처럼, 그 버거움을 감수하고서라도 곁에 두고 싶은 누군가가 나타날 수도 있지 않을까 하는 막연한 상상 또한 한다. 그렇게 희망과 절망의 파도가 몇 번 지나가고 나면, 나는 결국 나 자신에게로 돌아왔다. 누군가의 관계 속에서만 완전한 존재가 아니라, 혼자여도 충분히 빛나는, 좋은 사람으로.

이 이야기는 로아와 동생의 이야기이자, 동시에 내가 '다시 나를 만나는' 여정이다. 누군가를 사랑하고, 이별하고, 때로는 홀로 긴 시간을 견디는 모든 사람들에게 전하고 싶다. 지금 혼자여도 괜찮다고. 누군가를 통해 나를 다시 배우는 시간도, 혼자서 괜찮은 나를 만들어가는 시간도 모두 내가 나를 사랑하는 법을 깨닫는 과정이라고.

내가 다시 냉소주의에 빠질 때면, 나는 로아의 눈빛과 미소를 다시 떠올린다. 이 책을 읽는 모든 사람들이 로아의 사랑스러움에 흠뻑 빠지고, 그녀의 싱그러움에 굳어 있던 마음이 사르르 녹기를 바란다. 그 따뜻한 온도가 당신의 하루에도 스며들기를 바라며 두 여자의 이야기를 시작해 본다.

2025년 11월
추민지

차례

Chapter 2

함께 산다는 건 작은 전쟁이다

Chapter 3
서로 다른 우리가 서로를 바꾼다

내가 그리워한 건 연애가 아니라,
반짝이던 그때의 나였다.

Chapter 1
낯선 외국인과
가족이 되었다

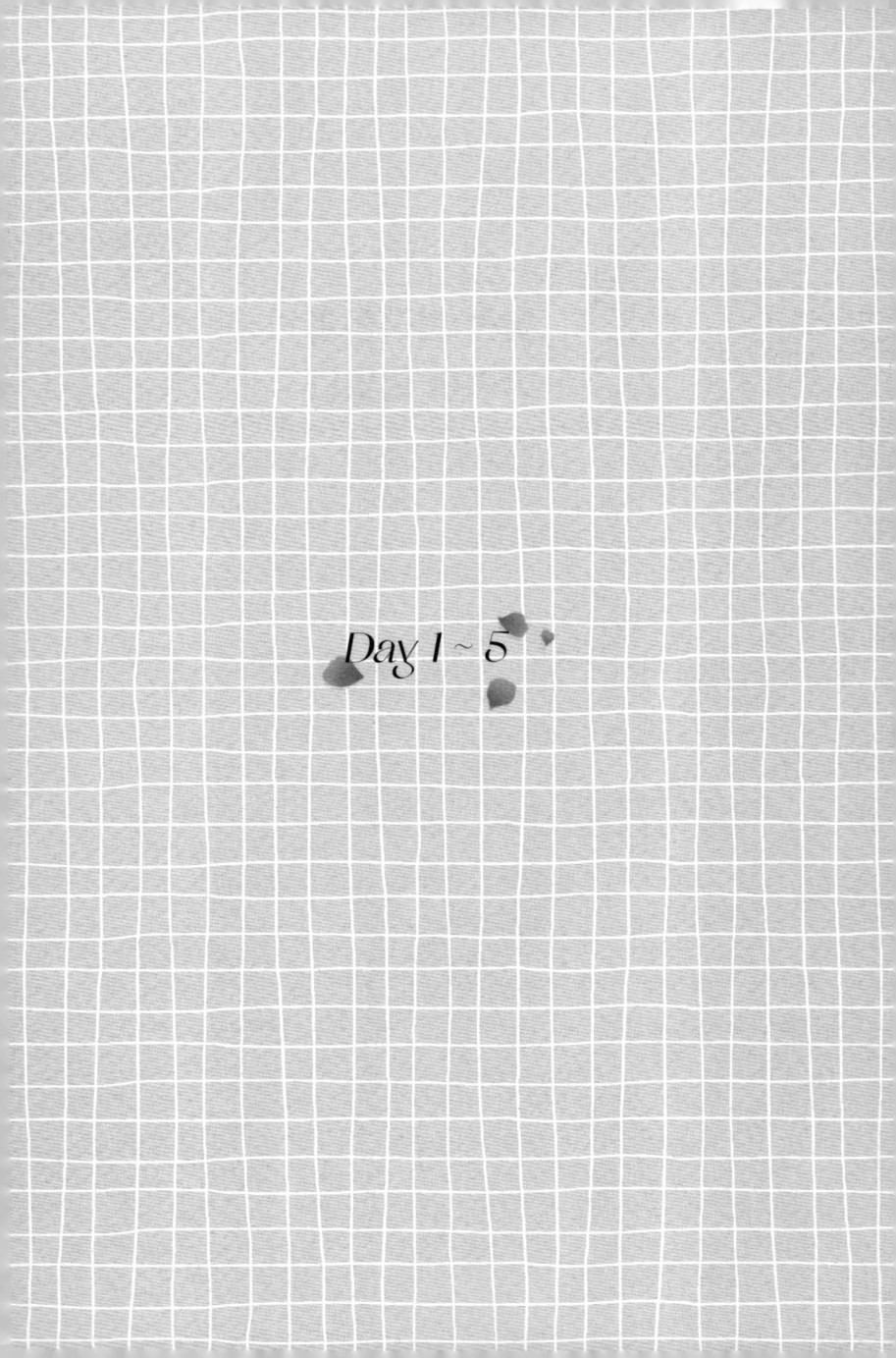

Day 1 ~ 5

남동생의 폭탄선언

어느 날, 회사 기숙사에 살던 남동생이 느닷없이 집으로 와 온 가족을 불러 모았다. 시집간 언니를 빼면 이 집에 남은 가족이라고 해 봐야 예순셋에도 여전히 일하는 엄마, 집에 박혀 글 쓰는 솔로인 나, 그리고 남동생이 전부였다. 평소 가족과 상의 한번 없던 동생이 웬일로 TV로 영화를 보고 있던 엄마와 내게 작정한 듯 말했다.

"로아가 한 달 뒤에 우리 집에 올 거야."
"그게 무슨 말이야?" 엄마가 화들짝 놀라며 말했다.

"여기서 대학원 다니면서 한국도 경험하고, 나랑 같이 살려고. 그런데 아직 아무것도 준비한 게 없어서 잠깐 여기서 신세 좀 질게. 2주면 집이랑 다 해결될걸?"

당시 동생은 취직한 지 이제 겨우 6개월쯤 된 상태였다. 사회생활을 시작한 지 얼마 되지도 않았는데, 스물다섯 살의 외국인 여자 친구가 있다고 했다. 갑작스러운 선언에 엄마는 머릿속을 정리하기 위해 하나씩 물었다.

"가끔 통화하던 그 사람? 어느 나라라고 했지?"

"이라크 쪽, 쿠르디스탄이야."

"뭐? 이라크?" 그 말에 가만히 듣고만 있던 나는 자동으로 용수철이 튀어 오르듯 말이 불쑥 튀어나왔다.

'아니, 하고 많은 나라 중 이라크라니...' 내 머릿속은 순식간에 전쟁 뉴스 화면과 히잡 쓴 여인들의 이미지로 뒤죽박죽이 됐다. 쿠르디스탄이라는 지역도 생전 처음 들어봤다. 동생이 가끔 영어로 누군가와 통화하는 걸 보긴 했지만, 언어 교환 애플리케이션으로 영어를 공부하는 거겠거니 하고 말았다. 그런데 애인이라니. 게다가 한 번도 만나본 적도 없는, 이역만리 떨어져 있는 나라의 사람과 결혼을 하겠다니! 아무리 집에서 오냐오냐 키운 철없는 막내아들이라곤 하지만 세상 물정을 너무 모르는 거 아니냐며 엄마와 나는 기겁을 했다.

설상가상으로 호주나 캐나다 아니면 유럽이라고 하면 그래도 어느 정도 그림이 그려지는데, 쿠르디스탄은 너무도 낯선 나라였다.

"이라크 안에 있긴 한데 사람들이 생각하는 그런 느낌 아니야. 쿠르드족이라고 있어. 히잡도 안 써. 그렇게 종교로 꽉 막힌 나라는 아니더라고."

알고 보니 쿠르디스탄은 오랫동안 독립을 희망하고 있으나 이라크 정부가 인정하지 않는 지역이었다. 동생은 이라크나 중동(中東) 하면 전쟁과 사막 이미지로만 가득한 내 머릿속과는 달리 쿠르디스탄의 실제 풍경은 숲과 도시의 불빛이 어우러진 활기찬 곳이라고 했다. 그러나, 이를 어쩌랴. 아무리 동생이 설명해도 영 그림이 잘 안 그려졌다. 그런데 동생이 더 기가 찬 소리를 했다.

"근데... 거긴 남자랑 사귀면 결혼해야 한대. 그리고 결혼할 때 신부한테 지참금이랑 금을 준다네."

동생의 말이 끝나기 무섭게 내 머릿속에서는 '애앵애앵' 하는 앰뷸런스 경고음이 울렸다. 혹시 로맨스 스캠? 연애를 빙

자해 돈을 요구한다는 그 뉴스 속 이야기의 주인공이 내 동생이라고? 동생은 눈을 동그랗게 뜨며 절대 아니라고 손사래를 쳤지만, 나는 도무지 믿기지 않아 AI 앱을 켰다.

'이라크 쿠르디스탄 결혼 문화는 어떻게 돼?'
충직한 AI는 곧바로 그 나라의 큰 특징 세 가지를 말해줬다. 첫 번째는 중매 결혼이 일반적이라는 것. 두 번째는 양가 합의와 허락이 필요하다는 것. 여기까지는 완전히 우리나라 옛날 풍습과 같았다. 그리고 셋째, 신부에게 지참금을 줘야 한다는 것.

주변에 물어볼 사람도 없어서 이 정보를 믿어야 하나 고민하던 차, 다시 생각해 보니, 내 동생은 돈이 없다. 사기를 당하려면 일단 돈이 있어야 하는데, 3년을 공들여서 사기 치기에는 돈이 쥐똥만큼도 없다. 퍽 다행이었다.

"그럼 와서 바로 결혼식을 하는 거야?" 내가 물었다.
"일단... 와서 봐야 아는 거지."
"근데 걔는 결혼이라고 생각하고 오는 거 아니야?"

"몰라. 와 봐야 알지."

"그런데 지참금을 줘야 한다며."

이게 늘 우리 남매의 대화 방식이었다. 이 대화만 봐도 알 수 있듯이 내 동생은 야무지지 못하다. 미래 계획? 풉. 미안하지만 그에게서 그런 건 한 번도 들어본 적도 없다. 걱정만 많다. 주도적으로 무언가를 하기 귀찮아하고, 짜증도 많다. 중요한 일도 미루고 미룬 다음에 놓치고 마는, 내 동생이지만 참 대책이 없다 싶은데 결혼식이라니. 아니, 그걸 아직 모른다니.

보통 이런 상황이면 다들 자기 가족 편을 들겠지만, 나는 오히려 그 반대였다. 내 관심은 로아에게 향했다. 로맨스 스캠보다도 갓 대학을 졸업했을 그녀의 앞날이 더 걱정됐기 때문이다. 낯선 나라에서 더 나은 삶을 꿈꾸며 한국으로 오는 여학생이, 과연 자기중심적인 내 동생과 함께 잘 지낼 수 있을까? 이 예민한 남자가 뭐가 좋다고 그 멀리서 날아오는 걸까? 대체 둘은 무슨 대화를 주고받았길래 일을 여기까지 벌인 걸까?

마음 같아서는 대체 내 동생이 어떤 남자인지는 알고 그 모험을 하는 거냐며 말리고 싶었지만, 더 이상의 말을 하지 않는 동생에게 꼬치꼬치 묻고 싶은 마음은 더 없었다. 이미 로아의 대학원 등록이 잘 마무리됐고, 비행기 타고 올 일만 남았다는 동생의 말에 엄마는 미래에 기대를 걸었다.

"이제 좀 달라지려고 그러는가 보다."

하지만 인간은 쉽게 바뀌지 않는다는 걸 우리는 계속 망각한다. 나는 막막한 미래에 한숨을 푹 쉬며 나지막이 말했다.

"진짜 얘들이 2주 만에 우리 집에서 나갈 수 있을까. 이것도 대책 없이 뱉은 시간이려나..."

세상이 아름다운 스물다섯

한 달이라는 시간이 쏜살같이 지나고, 8월 여름에 들어섰다. 해가 쨍쨍하고, 더위가 하늘 높이 치솟고, 일명 '대프리카'라는 별칭을 가진 이곳 대구에 오늘, 로아가 온다. 사진도 본적이 없어 관상도, 성격도 아무것도 파악하지 못한 나는 첫인사로 뭘 해야 할지 몰라 결국 "하이"라고 말하며 손을 흔들기로 마음먹었다. 내가 믿을 건 코미디 미국 드라마를 밥 먹을 때마다 보며 단련한 영어 실력뿐. 그나마 평소에 회화 공부해 놓은 게 얼마나 다행인지 모르겠다.

아침 일찍 인천공항까지 마중 나갔던 동생은 오후가 돼서야 KTX를 타고 집에 도착했다. '딩동' 하는 초인종 소리에 나는 헐레벌떡 외출복으로 갈아입고 머리를 매만졌다. 드디어 그녀가 왔다. 무려 13시간 비행기를 타고 7,300km를 날아서!

솔직히 '이슬람권 출신이면 성격이 조심스럽지 않을까?' 하는 편견이 있어서 로아가 얌전할 거라 생각했는데, 이게 웬걸? 캐리어를 든 동생 뒤에 따라오는 로아는 엄마를 보자마자 팔을 쫙 벌리고 "마미!"를 외쳤다. 그녀의 커다란 눈망울은 인형처럼 반짝였고, 낙타처럼 길고 풍성한 속눈썹이 이국적인 느낌을 물씬 풍겼다. 이름조차 혀끝이 부드럽게 말렸다 펴지는 발음의 '로아(Rwa)'.

로아는 쭈뼛대지도 않고 그 어떤 스스럼없이 엄마를 와락 안더니 양쪽 볼에 뽀뽀를 쪽! 했다. 이게 말로만 듣던 '비주(Bisou. 프랑스식 뽀뽀)'라는 건가? 영화에서만 보던 인사를 한국에서, 그것도 지방의 우리 집에서 직접 보다니. 내가 예상했던 이라크 여자가 맞는가 싶었다.

처음 받아보는 외국식 인사에 엄마는 닭이 모이를 쫓듯 고개를 이리저리 돌리다 결국 꼬인 채로 굳어버렸고, 그렇게 어리둥절하게 서 있는 엄마를 지나쳐 내 차례도 예외 없이 왔다. 나는 어색함에 가볍게 손을 흔들려고 가슴팍까지 손을 올렸다가, 그만 그녀에게 안겨 양쪽 귀에 쪽쪽 소리를 들어버렸다.

코앞에서 본 로아는 우리나라에서는 아무리 화장해도 따라갈 수 없을 만큼 큰 눈과 온 세상의 먼지 바람을 다 막아줄 듯한 길고 촘촘한 속눈썹, 오똑한 코, 웃을 때마다 승천하는 광대, 그리고 도톰한 입술까지 20대의 싱그러움을 그대로 머금고 있었다. 그리고 활짝 웃는 그녀의 얼굴을 보는 순간, 로아에게 홀린 듯 나는 눈을 떼지 못했다. 내가 잃어버린 봄빛처럼 차오르는 생기를 그녀가 가지고 있었다.

엄마의 "배고프지?"라는 말에 동생이 곧바로 통역을 했고, 로아는 배를 쓰다듬으며 고개를 끄덕였다.

"캐리어 방에 놓고 밥 먹으러 가자."

엄마의 말에 "잠시만" 하던 동생은 자신이 준비한 커플 슬리퍼를 현관에 꺼냈다. 그걸 본 로아는 "쏘 큐우트!"를 연발하며 행복한 표정으로 애교 눈빛을 발사했다. 엄마와 나는 뒤에 병풍처럼 서서 이게 뭔 일인가 싶어 아무 리액션도 하지 못

한 채 그들을 멀뚱멀뚱 쳐다봤다. 그리고 수줍게 웃는 내 남동생의 모습을 본 나는 우웩, 하며 토할 듯한 시늉을 했다. 저런 표정을 살면서 본 적이 없었기 때문이다. 아차차! 그럴 수 있지. 그들은 오늘 처음 보는 거니까.

그 후로도 생전 처음 보는 내 남동생의 모습은 계속 이어졌는데, 준비를 마치고 나온 둘이 엘리베이터 앞에서 서로의 손을 꼭 잡고 있는 게 아닌가. 솔로인 나는 괜히 엄마 옆에 바짝 붙으며 "어머머!" 하며 유난을 떨었다. 3년 만에 처음 손을 잡아보는 저 둘은 지금 얼마나 애틋하고 두근댈까. 동생은 "진짜 오버하지 마."라며 얼굴을 찡그렸지만, 그의 느끼한 표정을 계속 보는 게 힘들어 내가 먼저 고개를 돌려버렸다.

그런데 그 순간 뇌가 이상 반응을 일으켰다. 시냅스로 전기 신호를 파바박! 보내며 내 옛날 기억을 0.1초 만에 되살린 것이다. 어디에 꽁꽁 숨겨져 있는 줄도 몰랐던, 저 안드로메다로 영영 꺼져버린 줄 알았던 내 거지 같은 연애 기억들을.

자기 부모님 앞에서 내 손 한번 잡아주지 않고, 따듯한 눈길 한 번 보내지 못하던 사람과 그들 앞에서 나란 존재는 안중에도 없이 자기 밥만 먹던 그 이기적인 얼굴까지. 그 외로웠던 순간들이 되살아나니 한 번 나를 일깨운 전기 신호는 그치지 않고 일련의 장면들을 연속으로 보여줬다. 나는 속으로 외쳤다. '그만!'

뷔페에 도착해서야 나는 그 화를 진정시킬 수 있었다. 음식을 가져와 자리에 앉자, 로아는 동생의 접시에 음식을 덜어줬다. 맛있는지 묻고, 서로 좋아하는 음식을 찾으러 같이 일어나고 난리였다. 마치 서로 생전 모르던 사람처럼 음식 취향부터 알아가기 시작하는 둘이 퍽 귀엽기도 했다. 나도 한국이 낯선 로아의 입맛을 신경 쓰느라 음식이 코로 들어가는지 입으로 들어가는지도 모른 채 이것저것 챙겼다. 그리고 어느 정도 배가 차고 나서야, 비로소 나는 한숨 돌리며 질문을 건넬 수 있었다.

"로아, 공항에서 내 동생 처음 봤을 때 어땠어?"
"눈물 날 뻔했는데 꾹 참았어."
이 말을 하며 로아는 감동에 차서 울먹이며 손으로 눈을 휘휘 저어 눈물을 말리는 듯하다가 다시 동생의 얼굴을 보고는 뭐가 좋은지 배시시 웃었다. 아직 로아의 텐션을 따라잡지 못

한 나는 눈을 동그랗게 뜨는 게 리액션의 전부였다.

"근데 좀 아쉬웠던 건..."

그런 그녀가 불만 하나를 덧붙였다. 그래, 이거지. 이거야. 불만이 벌써 나오기 시작한다!

"처음 만나는 건데 손에 꽃이 없었어."

그 말에 난 한숨을 푹 쉬고 내 동생을 째려보며 말했다.

"으이그, 이 맹충아! 지구 반대편에서 여기까지 왔는데 빈손으로 갔냐!"

동생은 머리를 긁적이며 머쓱한 웃음을 지으며 말했다.

"꽃은 미처 생각을 못 했지."

"생각을 못 했... 후... 로아 꽉 잡아라. 그런데도 해맑게 웃고 있네."

집에 와서 로아는 나에게 쿠르디스탄에 있을 때 자신이 만들었던 케이크 사진을 보여줬다. 동생과 어플리케이션을 통해 사귄 지 60일, 100일, 1년, 1년 6개월을 기념해 만든 케이크들이었다. 그래, 나도 20대 때는 1주년에 남자 친구가 만든 케이크를 선물로 받아본 적이 있었지, 하며 아련하게 추억에 잠기려던 찰나, 그녀가 자신이 만든 디저트를 보여주며 물었다.

"씨스는 요리 어떤 거 할 수 있어?"

나는 어깨를 으쓱하며 "나는 요리를 못 해."라고 말하자 이번에는 로아가 깜짝 놀라면서 생각지도 못한 한마디를 내뱉었다.

"결혼 어떻게 하려고?"

나는 그 말에 이제껏 로아에게 보인 표정 중 제일 놀란 얼굴로 쳐다봤다. 생전 처음 듣는 질문을 넘어서서 여덟 살 어린 학생에게 혼나는 기분이었다. 그녀는 진심으로 걱정스러운 눈빛으로 나를 바라봤고, 그 진지함에 나는 어이가 없어 웃음이 터져버렸다. 그리고는 얼마 전에 찍어 온, '밥상 차리기엔 인생이 너무 짧다!'라는 문구가 적힌 한 마트의 현수막 사진을 보여주며 말했다.

"나는 결혼 안 하려고."

그러나 로아는 거기서 그만두지 않고, 그런 건 자기 사전에 없다는 듯 미소 지으며 말했다.

"에이, 결혼해야지."

결혼을 꿈꾸는 이슬람 여성과 이제는 남자라면 진절머리가 난 한국 여자. 평생 함께할 남자를 찾아 먼 나라까지 온 스물다섯 살의 로아와 괜찮은 사람 없으면 혼자 살겠다고 마음먹은 서른세 살의 나. 이렇게 서로 다른 우리가 오늘부터 2주간 함께 살게 되었다.

그때 깨달았다. 우리가 향하는 길은 매우 다를 거라는 것을.

난 속으로 중얼거렸다.

'꽃 한 다발도 안 가져오는 남자랑은 결혼 안 할 거지롱!'

세상에 무감각한 서른셋

"왜 아직 연애 안 해요? 1년이나 지났잖아요."

한때 동료였던 그는 왜 이렇게 미련하게 혼자 있냐는 듯 물었다. 그의 말에 나는 햄버거를 크게 물며 대답할 시간을 벌었다. 콜라를 연거푸 들이켜고, 감자튀김을 케첩에 푹 찍어 먹은 뒤에야 입을 열었다.

"모르겠어요. 그냥... 기대가 없어졌달까."

이제는 누군가와 생각을 맞추는 것도, 말도 안 되는 말을 할 때 타이르는 것도, 더 나아가 누군가를 알아가는 것조차 귀찮아졌다. 어차피 알아가봤자 나와는 너무 다른 상대의 단점을 무수히 발견하고, 결국 내가 제풀에 못 견뎌 헤어질 게 뻔했으니까. 완벽한 사람이라고 믿었고, 기대가 너무 컸던 걸까? 번번이 사랑이 무너지자, 나는 허무주의에 빠졌다.

"그 사람은 이제 다른 사람이랑 썸도 타는 것 같던데."

전 남친의 소식에 순간 흠칫하며 가슴 중앙이 시큰거렸다. 당연히 시간이 지나면 누군가를 만날 거라는 건 알고 있었지만, 머리로 이해한 것과 가슴은 다르게 작동했다. 그러나 곧 생각을 고쳐먹었다.

'그래, 1년이나 지났으면 그 사람도 다른 사람을 만나겠지.' 하는 동시에 '왜 나는 그 사람처럼 앞으로 나아가지 못하고 혼자에 머물러 있을까?' 하는 자책이 밀려왔다. 억울했다. 헤어지고 나서도 그 슬픔이 오래 가는 내가 미련한 사람처럼 느껴졌다. 누가 먼저 사귀나 경쟁하는 건 아니지만, 왜 나를 아무것도 못 느끼는 깡통으로 만들어놨냐며 세상에 대한 원망이 올라왔다. 지인은 이런 내 마음도 모르고 멋대로 조언을 했다.

"노력을 해야죠. 이 사람도 만나고 저 사람도 만나고..."

참 이상하리만큼 연애 조언자들의 솔루션은 늘 똑같다. 누군가를 만나려면 노력하고 마음을 열라고 말한다. 하지만 내 심장은 지금 1년째 파업 중이다. 더 이상 감정을 소비하면 심부전증 같은 병을 일으키겠다며 나를 협박했다. 지난 기억들이 극한의 공포로 다가와 절대 그 순간, 그 치욕을 잊지 않도록 편도체가 트라우마 같은 감정들을 꽉 붙잡고 그 누구라도 알아가려고만 하면 위험하다고 난리를 치니까 말이다.

결혼한 절친의 "좋은 사람 만나서 행복했으면 좋겠어."라는 말도, 입술에서 나오자마자 연기처럼 공허하게 흩어졌다. 나는 그녀처럼 행복하게 가정을 꾸리며 살지 못할 것 같은 이상한 예감이 들었기 때문이다.

"이젠 사랑을 안 믿어. 감정이 느껴지지도 않아. 그날 밤에 다 쏟아부어서 아무것도 남은 게 없어."

영화 <비포 선셋>에서 여주인공 셀린이 토해내듯 말하는 장면을 봤을 때, 나도 모르게 "언니, 나도요."라며 중얼댔다. 셀린은 내 말에 대답하듯 이렇게 대사를 이어간다.

"여자로서 난 실패했어. 초월한 척하지만, 속으론 죽어간다고. 감각 없는 무생물처럼 변하고 있어."

셀린의 극 중 나이는 아니나 다를까 30대 초반인 나와 비슷하게 설정되어 있다. '나만 이렇게 느끼는 게 아니구나' 하는 생각에 안도감이 들다가도 이내 씁쓸해진다. 1년 만에 이렇게 마음이 삭막해질 수 있을까. 생기 넘치던 내가 이제는 누구에게도 아무런 감흥을 느끼지 못한다니. 이런 내 모습은 상상도 못 했는데 말이다.

예전에 고양이 한 마리를 키우며 혼자 사는 마흔 살의 학원 동료 강사와 연애에 대한 이야기를 한 적이 있었다. 상대의 바람으로 헤어진 후 아무도 만나지 않는 그는 이렇게 말했다.

"이 세상엔 좋은 사람 없어요."

그때만 해도 나는 그의 말을 비관적이라며 반박했다. 하지만 최근 3개월의 짧은 연애 끝에, 나도 그 사람처럼 냉소적인 사람이 되어버렸다. 다행히 고양이까지 키우진 않지만.

세상에 좋은 사람은 정말 없는 걸까? 왜 나는 늘 만나고 보면 상대가 빚쟁이거나, 이기적이거나, 혹은 마마보이였던 걸까? 내가 문제인 걸까? 그렇다고 단정 짓기엔 세상에 부정적인 상황이 너무 많다. 휴대폰만 열면 시댁과 싸움에 진절머리 난다는 여자들이 넘실대고, TV에는 이혼한 사람들이 앞다투어 내일은 없는 듯 언쟁을 벌인다. 결혼 10년 차 부부들은 각자 배우자에 대한 불만을 털어놓으면서도 솔로에게는 "아직 애인 없어?"라고 묻는다. 아이 있는 사람들은 아이 덕분에 행복하다고 하지만, 하루 종일 아이만 돌보며 살면 우울증 걸릴 것 같다고 말한다.

　그런 이야기를 듣다 보면 나도 모르게 부정적인 세상 속에 갇힌다. 이럴 때 무섭다. 내가 겪은 일로 편향적인 시선에 내가 갇혀버릴 때. 한쪽의 세상만 맞다고 믿으며, 평생 그렇게 비관적이고, 삐딱한 시선으로 살아가게 되는 건 아닐지 너무나도 두렵다. 그 생각을 벗어나기 또한 쉽지 않다.

　그래서 서른세 살의 나는 어떻게든 그런 생각을 하지 않고자 중국어 학원에 등록했다. 일주일에 두 번 수업을 듣고, 배운 걸 복습하고, 한자를 외우고, 성조까지 곁들이면 놀 시간이 없다. 아니, 딴생각을 잠깐 할 틈도 없다. 공부할 땐 완전히 나와 글자만 이 세상에 존재하니까.

　그렇게 정신없이 공부하던 와중에도, 나는 어김없이 새로운 일을 벌였다. 올해 초, 출판사를 차린 나는 인디 도서전에 참가 신청을 해버린 것이다. 이런 행사를 한 번도 준비해 본 적 없지만 '책 표지 따라 하기'라는 콘셉트를 내세워, 필름 카메라 인화까지 해주는 이벤트를 기획했다.

　이렇게 연애 대신 내가 하고 싶은 걸 배우고, 여행하고, 글 쓰며 나를 알리는 삶. 어떤 사람이 와도 이보다 더 행복할 수는 없다고 생각했다. 그렇다고 옆구리가 아예 시리지 않은 건 아니다. 고통을 감수하기보다는, 잠깐의 외로움을 달래는 게 더 쉬워서다. 그런데 이런 나의 잔잔한 삶을 흔드는 사람이 우리 집에 등장한 것이다. 약간 멀리서도 아닌, 바로 우리 집, 내 눈앞에 말이다.

　"근데 아직 서른세 살이잖아요. 벌써 세상 다 산 할머니처럼 그래요?"

　감자튀김을 든 채 멍하게 있는 나를 보며 그가 말했다. 내 나이가 아직 아깝다는 지인의 말에 순간 흔들렸지만, 곧 다시 생각했다. 이건 진화의 결과라고. 여러 번의 실패 끝에 위험을 피하려는 건 본능이니까. 같은 실수를 반복하는 건 진화가 덜 되었음을 증명할 뿐이라고. 그리고 결정적으로 누군가에게 기대하지 않고 스스로를 믿으며 살아가는 게 속 편하다는 걸 이제는 알아버린 걸 어쩌나.

지인과 인사를 하고 집에 돌아가니 현관 앞에 나란히 놓인 커플 슬리퍼가 눈에 들어왔다. 거실에서 저녁을 먹고 있는지 둘의 웃음소리가 들려왔고, 그들만의 세상인 듯한 온기가 현관까지 흘러넘쳤다. 로아는 세상의 생기를 모두 머금은 듯한 영롱한 눈빛과 사랑스러운 표정으로 내 남동생을 바라보고 있었다. 이제는 내 눈에서 찾아볼 수 없을 것 같은 그 촉촉하고 진주를 박은 듯 반짝이는 눈동자가 부러워지다가도, 그 눈빛이 귀한 줄도 모르고 음식을 입에 넣느라 바쁜 남동생을 보고는 또 혀를 찼다. 그리고는 마음 속에서 이런 다짐을 했다.

  '저 눈빛에 흔들리지 말자. 저 순간은 잠깐이야. 로아가 지구 반대편에서 온 것도 용기지만, 이렇게 혼자 살아가는 삶도 꽤나 큰 용기가 필요한 법이라고!'

우리 사귀면 결혼하는 거다?

원래 계획대로라면 가족이 다 함께 두바이에 가서 로아의 부모님을 만났어야 했다. 외동딸을 낯선 나라에 보내는 게 불안했던 로아의 부모님이 직접 내 동생을 보고 싶어 했기 때문이다. 로아 부모님도 내 동생이 납치범이 아닐까 경계했다고 하니까.

그런데 왜 하필 많고 많은 나라 중에 두바이냐면, 로아 부모님이 비행기를 한 번도 타본 적이 없어 멀리 이동하기는 힘들었고, 쿠르디스탄에서 2시간 거리의 가까운 나라로 고르다 보니 그렇게 된 것이다. 그곳에서 서로의 가족이 만나 이야기를 나누고, 서로 실제로 존재한다는 걸 확인한 다음, 로아가 한국의 우리 집으로 같이 귀국하는 완벽한 계획이었다.

고백하자면 그 당시만 해도 둘의 만남은 나에게 뒷전이었다. 나의 관심사는 오직 두바이! 처음 가보는 나라에 완전히 들떠 있었다. 화려한 분수쇼와 금박 초콜릿 그리고 부(富)의 냄새가 가득한 백화점과 거리에 흠뻑 젖어 잠시 현실 따위는 잊을 생각이었다. '혹시 백화점에서 두바이 왕자 중 한 명과 진짜 마주치는 거 아냐? 그리고 그가 순두부같이 생긴 나에게 반한다면?' 하고 상상의 나래를 펼쳤으나, 동생이 금방 찬물, 아니 소화기를 발사했다.

"그 사람들도 쭉쭉빵빵한 사람이랑 결혼할걸?"

어푸푸. 그만! 숨 못 쉬겠어, 동생아! 나는 그런 건 생각해본 적도 없다는 듯 새초롬한 눈빛으로 "누가 결혼한대?"라고 말하고는 동생을 한 번 째려봤다. 그리고 그냥 백화점에서 아이쇼핑하고 두바이 초콜릿을 먹는 것으로 계획을 수정했다.

동생은 회사에 어렵게 부탁해 일주일 휴가를 냈다. 근무 기간이 1년이 채 안 된 터라 그래도 되는지 모르겠지만 말이다. 그렇게 모든 탄탄한 계획에도 불구하고 우리는 두바이로 가지 못했다. 바로 로아 가족의 비자가 해결되지 않았기 때문이다. 이럴 때마다, 어느 나라든 비자 없이 자유롭게 여행할 수 있는 한국 여권의 위력을 새삼 느낀다.

두바이에 못 가게 된 건 아쉬웠지만, 곧 그들이 그곳에서 뭘 하려 했는지를 알고 나서는 로아가 한국에 온 게 단순한 '여행'이나 '경험'이 아니라는 걸 더 확실히 알게 됐다. 로아 부모님 앞에서 반지도 교환하고, 금도 주는 등 결혼식 같은 행사를 진행하려고 했지만 모든 일이 무산된 바람에 그들의 계획이 꼬여버린 것이다. 로아는 이 결혼을 부모가 믿고 받아들일 수 있도록 근거를 직접 증명해야 했기 때문에, "그냥 한 번 사귀어 보는 건 안 돼?"라는 나의 질문에 단호하게 말했다.

"우리나라에서는 남자가 여자랑 데이트하고 결혼 안 하면 감옥 가거나 사형당해."

그 말에 소름이 쫙 돋았다. 비주할 때만 해도 이런 느낌이 아니었는데 말이다.

"그 여자랑 데이트 안 했다고 말할 수도 있잖아. 그렇게 깊은 사이는 아니라고. 아니면 손만 잡았다고 말할 수도 있지."

내가 말하자 로아는 휴대폰을 두드리며 씨익 웃었다.

"그러니까 사진으로 다 남겨놔야지. 친척들한테도 다 보내줘야 해.”

　그러더니 로아는 “잠깐만!”이라고 말하고 방으로 가서 두 개 중 이제껏 한 번도 열지 않았던 캐리어를 꺼내 옷을 뒤지기 시작했다. 잠시 후 그녀는 핑크빛 긴 드레스를 꺼냈다. 곳곳에 박힌 비즈가 영롱하게 반짝였고, 드레스를 펼치자 밑단이 바닥에 닿으며 차르르 쏟아졌다.

　“블레싱 사진 찍을 때 입으려고 사 왔어.”

　블레싱은 쿠르디스탄에서 말하는 결혼식과 같은 의미었다. 화려한 식이 없어도 ‘이맘(imam)’이라고 불리는 종교 지도자 앞에서 몇 마디면 결혼이 성사되는 의식이었다.

　“하루 입으려고 이걸 가져왔다고?”

　나는 그녀의 준비성에 입이 떡 벌어졌다. 내 표정을 본 로아는 다시 방으로 달려가더니 주황색 보자기를 엄마와 내 앞에 내놓았다. 매듭을 하나씩 풀자, 꼬부랑 쿠르드어가 새겨진 액자와 꽃이 붙은 둥근 거울이 모습을 드러냈다. 거울에는 로아와 내 동생의 이름이 적혀 있었다.

　“결혼 서약서 같은 거야. 그리고 거울은 잘 살았으면 하는 의미로 이름 써서 주문 제작한 거.”

　그녀는 한국에 오기 위해, 그리고 자신의 결혼을 위해 오래전부터 준비해 왔던 것이다. 나는 동생에게 입을 씰룩거리며 중얼거렸다.

"넌 준비한 게 뭐냐?"

"이렇게 빨리 뭔가를 진행해야 하는 줄 몰랐지."

동생도 벙찐 표정으로 나를 바라보며 말했다. 나는 로아에게 다시 물었다.

"블레싱은 언제 생각하고 있어?"

"최대한 빨리하면 좋아."

그 말에 나는 알 수 있었다. 가족 중심의 생활이 중요한 나라에서 온 그녀는 부모에게 잘 살고 있다는 증거를 하루빨리 보여주어야 한다는 것을. 그 소식을 애타게 기다리고 있을 로아의 부모를 생각하니 되려 내 마음이 급해졌다. 같은 여자라서 그런 걸까. 이렇게 대책 없는 동생 커플을 보고 있자니 환장할 노릇이었다.

"이제 계획은 뭐야?"

"일단, 집 구하는 게 제일 우선이지." 동생이 말했다.

"그런데 둘이 그냥 아무것도 안 하고 이렇게 꽁냥거리기만 하고 있다고? 내가 보기엔 할 일이 천지삐까린데?"

"차차 하면 되지."

마음 좋은 소리만 하는 동생이 답답해 나는 한숨을 쉬었다. 로아 입장에서 집보다 더 급한 건 부모님께 보여줄 반지였다. 그것부터 하나씩 시작해야 했다.

　"일단... 내일 반지부터 사러 가자."

　그 말에 너무 좋다며 천진난만하게 손뼉 치는 로아를 보며, 나는 거의 부모 마음이 된 듯했다. 뭐, 옛날 같았으면 내 나이에 이미 부모가 되고도 남을 나이긴 하지.

　친구는 이 이야기를 듣더니 왜 네가 그렇게 나서냐며 나를 답답해했고, 나는 그 순간에도 인터넷으로 어느 금은방을 가야 할지 찾으며 대꾸했다.

　"빨리빨리 해야 얘들이 집을 나가지. 이러다간 한 달 지나도 아무것도 해결 안 되겠어!"

내 다이아몬드는 내가 산다

로아가 온 지 셋째 날이 되었고, 우리는 제법 빨리 친해졌다. 역시 한 집에서 부대끼며 하루 이틀만 지나면 몇 년 친구보다 더 허물이 없어진다. 늦은 오후가 되어 일어난 로아는 분홍색 잠옷 차림으로 식탁에 앉아 사과를 오물오물 씹어먹으며 말했다.

"나는 건강이 최우선이야. 사람은 무조건 야채랑 과일을 많이 먹어야 해. 그래야 건강에 좋거든. 마늘! 마늘은 정말 어떤 건강 요법보다 몸에 좋아. 특히 심장 질환에. 그리고 아침에 사과 하나면 아무것도 필요 없어."

젊은 나이에 벌써 이렇게 건강을 신경 쓰는 애가 있다니. 그나저나 그 말을 하는 로아의 얼굴이 너무 예뻤다. 방금 일어났는데도 붓기 하나 없는 선명한 이목구비와 간밤에 요정들이 몰래 다듬어 놓은 듯 반듯하고 숱 많은 눈썹이 하도 신기해서 나는 로아를 한참이나 뚫어져라 쳐다보았다.

그러다가 내가 그녀의 눈썹을 가리켰다. 말하지 않아도 무슨 의도인지 잽싸게 알아챈 로아는 말 대신 손으로 눈썹을 결 반대쪽으로 훅 쓸어 보여줬다. 한 땀 한 땀 장인이 수를 놓은 듯, 눈썹 끝까지 털이 좌르륵 피부를 따라 파도치는 걸 보니 진짜 자신의 눈썹이 맞았다. 그 부분만 봐도, 우리가 같은 지구인이라고 하기엔 너무 다른 종족이었다.

로아는 사과 몇 조각을 먹고는 배부르다며 그새 거실 바닥으로 내려갔다. 그리고 준호의 어릴 적 사진첩을 한 장씩 넘기면서 귀엽다고 소리치고는 사진을 찰칵 찍었다. 이렇게 예쁜 애가 내 동생과 사귄다니, 나는 정말 이해가 안 된다는 표정으로 물었다.

"로아, 도대체 내 동생 어디가 그렇게 좋아?"

로아는 내 말에 천천히 사진에서 눈을 겨우 떼고는 고개를 들어 옆에 앉아 있는 동생의 몸 전체를 팔로 감싸며 외쳤다.

"에브리띵!!!"

"진짜? 몸 너무 거대하지 않아? 우리 가족은 운동을 좀 덜 해야 정장이 팔뚝에 맞겠다면서 몸 그만 키우라고 하는데."

"노오오오! 아이 러브 잇! 몸이랑 얼굴이랑 성격까지 모두!"

나는 그 말에 고개를 절레절레 저으며 어이없이 웃었다. 그리고 갑자기 단어 하나가 번뜩 떠올라 말했다.

"콩깍지."

이 단어를 뭐라고 통역해야 할지 몰라 한국어로 불쑥 내뱉으니 로아는 알쏭달쏭한 표정을 지으며 단어를 따라 하려고 입을 오므렸다 폈다 했다.

"코옹카치?"

"응. 콩깍지. 눈에 막이 하나 씌여서 상대방의 모든 게 아름답고 사랑스러워 보인다는 뜻이야."

"아하, 러브 필터구나!"

러브 필터. 콩깍지가 딱 그거겠다. 내 동생이 좋아 눈에서 꿀이 뚝뚝 떨어지는 로아를 보니 사랑에 빠진 젊은이의 얼굴은 이렇게 아름다운 거였다. 저 나이에 나도 내가 저렇게 예쁜지 몰랐겠지.

"로아, 대학교에서는 무슨 전공을 했어?"

"나? 법대. 그리고 졸업할 때도 수석! 변호사가 꿈이었거든. 그래서 졸업하자마자 취업해서 일하다가 준호 만나려고 그만두고 왔어."

그런 이야기는 동생에게 들은 적이 없던 나는 예상치 못한 답변에 "왓?"을 외치며 동생을 쳐다봤다. 자신이 하던 일까지 제쳐두고 아무것도 준비 안 된 내 동생을 위해 이곳까지 날아오다니.

"그럼, 대학원도 법 쪽이야?"

"아니. 한국에서는 법 공부하려면 무조건 한국법이더라고. 한국어 수업은 힘들 것 같아서 경영으로 선택했어. 대전에 영어로 수업 진행하는 학교가 있더라고."

등록금도 부모님이 선뜻 내주신다고 했다. 굳이 안 해도 괜찮은, 자신의 길과 상관없는 대학원을 말이다. 들으면 들을수록 내 머릿속에는 '왜?'라는 풍선이 커져만 갔다. 그럴 때마다 로아의 대답은 하나였다.

"오직 준호를 만나려고."

그 대답에 나도 그런 무모한 선택을 한 적이 있던 과거가 떠올랐다. 한 남자를 위해 캐나다 유학을 포기했던 지난 시절이. 그 남자의 말 한마디에 덜컥 등록금을 환불받았다. 어떤 약속의 말도 없었지만, 당연히 나와 같은 생각이겠거니 했다.

어쩌면 너무 다르다고 생각했던 로아와 나는 사랑에 진심이었던 젊은 시절이 조금 닮아 있었다. 사랑하는 사람과의 미래에 대한 꿈으로 기대 가득한 로아의 모습을 보면, 순진했던 그 시절의 나를 보는 것 같아 괴롭기까지 했다. 그 용기의 끝은 허망하기 이루 말할 수 없었지만, 그녀의 결말은 나와는 좀 다르길 바라며 나는 자리에서 일어나며 말했다.

"자, 이제 반지 보러 갈까?"

우리는 시내로 나가 금방이 모여있는 거리에 도착했다. 거리를 걸을 때면 로아를 향한 사람들의 시선이 조금씩 느껴진다. 서울이야 이미 외국인이 많아 그러려니 하겠지만 지방에 사는 어른들은 외국인을 보는 게 신기해 빤히 쳐다본다. 로아도 그걸 느꼈는지 나에게 속삭이며 말했다.

"사람들이 나를 뚫어지게 쳐다봐."

"예뻐서 그래."

예쁘다는 내 말 한마디에 로아는 모든 게 해결됐다는 듯 환한 웃음을 지었다. 그렇게 수다를 떨다가 우리는 금은방에 도착했다.

"여자는 무조건 몸에 금을 지녀야 해!"라고 외치는 로아를 위해 가게 주인은 금반지를 보여줬다. 그런데 로아의 반응이 영 시원찮았다. 마음에 들지 않는지 도톰한 앵두 같은 입술을 몇 번 삐죽대고, 금반지 몇 개를 손가락에 끼웠다 뺐다 하더니 동생에게 기대 팔짱을 끼고 어리광을 부렸다. 처음에 나는 '왜 저러는 거지? 반지 디자인이 마음에 안 드는 걸까?'라고 생각하며 다른 가게로 데리고 가야 하는지를 고민했는데, 이게 웬걸? 옆에 있는 다이아몬드가 눈에 들어왔던 것이다.

로아가 금을 하도 외치길래 쿠르디스탄에서는 나중에 돈이 되는 금을 더 소중히 생각하는 줄 알았는데, 역시나 모든 여자의 마음은 국가를 넘어서 같은 거였다. 결국, 로아는 준호에게서 금으로 된 링에 큼직한 다이아몬드가 박힌 반지를 얻었다. 왼손 네 번째 손가락에 빛나는, 저 영원한 증표의 상징을 내 동생에게서 얻어낸 것이다. 나는 캐나다를 포기하고도 꽃 한 다발도 못 얻었는데. 너무 상대의 마음을 배려하느라 생색도 한 번 못 내본 내가 등신이고 호구지 뭐.

"나중에 찾으러 오실 때 입금해 주시면 됩니다."

옛 생각에 살짝 침울해 있던 나는 사장님이 보여준 영수증을 보고, 눈이 번쩍 뜨였다. 적힌 가격은 300만 원. 그 액수를 보는 순간, 시쳇말로 근자감이 불끈 솟았다.

'어라? 이 정도면 나도 살 수 있겠는데?'

나는 진열장을 다시 쭉 훑어봤다. 내 것이 될 수 있다는 생각이 들자 가게 안의 모든 보석에 관심이 가기 시작했고, 영롱한 빛들이 눈에 한가득 담겼다. 이 정도면 비련의 여주인공이 될 필요가 없는 것이다. 금이든 다이아몬드든, 내가 원하면 내가 사면 되니까.

갑자기 돈을 더 열심히 모아야겠다는 생각이 번뜩 들었다. 나는 그날 집으로 가자마자 미국 주식 창을 열었다. 5년 전에 묵혀 둔 주식을 오랜만에 꺼내 봤다. 액수를 보고 흡족해진 나는 밤 11시까지 기다려 장이 열리자마자 주식을 몇 주 더 구매했다.

인연을 만날지 안 만날지, 그 사람이 다이아몬드를 사줄 수 있을지 없을지 미래는 알 수 없으니까. 5년 뒤에 사랑은 몰라도, 돈은 결코 나를 배신하지 않을 테니까. 로아는 다이아 반지를 보며 웃고, 나는 계좌를 보고 웃고 있으니 우리 둘 다 원하는 걸 얻은 거겠지?

딸 같은 며느리의 진짜 모습

　가족 간에 다양한 호칭이 존재하는 우리나라에서 그 호칭을 다 기억하기란 여간 어려운 일이 아니다. 더군다나 이제 더 이상 먼 친척은 만나지 않으니 부를 일도, 어쩌다 불러야 할 때도 이미 호칭을 잊은 지 오래다. 어머니, 며느리, 시누이, 도련님, 형님, 아주버님, 올케, 동서, 아가씨, 숙부님 등 부를 때마다 그 호칭이 맞는지 다시 생각하고, 또 예의를 갖춰야 한다는 건 참 피곤한 일이다.

　특히, 나이와 상관없이 남편이 형보다 어리면, 나보다 어린 형의 아내를 '형님'이라고 불러야 하는데, 그게 어색해 요즘 사람들은 그런 호칭을 써야 할 때면 상대를 아예 부르지 않는다. 오래된 지방이 덕지덕지 끼인 듯, 듣기만 해도 싫어지는 '시누이'라는 단어도 있다. 이 단어가 머릿속에 입력되는 순간, 상대를 대하는 게 어렵고, 과도한 예의를 갖춰서 행동해야 할 것 같은 느낌을 낭낭하게 풍긴다. 그냥 이름 좀 부르면 어떻다고!

그런 불만 많은 나에게 로아는 우리 집에 발을 들이자마자 내가 꿈꿨던 유토피아를 보여줬다. 이런 호칭들을 모두 지키지 않아도 되는, 그리고 '안녕'이라는 한국어만 겨우 아는 외국인이 들어왔을 때 가족의 관계가 어떻게 변하는지를 톡톡히 봤기 때문이다.

일단 '며느리'라는 단어를 빼고 한 여성을 그 나이대의 '여자' 또는 '사람'으로 보면 상대에 대한 시선과 이해도가 360도 달라진다. 우선 로아와 우리 가족은 아침에 일어나는 시간이 너무나도 달랐는데, 아침 7시면 누가 깨운 듯 눈이 번쩍 떠지는 우리 가족과 다르게 로아는 오후 1시가 다 되어서야 눈을 비비기 시작한다.

그 사실을 몰랐던 엄마는 밥을 먹이려고 아침 9시에 방에 들어가 로아의 어깨를 살살 흔들었다. 그 시간도 엄마 입장에서는 굉장히 많이 고려한 시간이었다. 당연히 벌떡 일어나 나올 줄 알고 식탁 앞에 앉아 있던 나는 혼자 돌아온 엄마를 보고 눈을 끔뻑이며 물었다.

"엄마, 로아 일어났어?"

그러자 엄마의 표정이 아리송했다.

"깨웠는데... 너희한테도 한 번도 본 적 없는 반응이었어."

"뭐라던데?"

엄마는 로아를 따라하는 듯 어깨를 막 흔들면서 말했다.

"'으으응' 하는 소리를 내면서 어깨랑 고개를 막 흔들다가 다시 잤어."

나는 그 말에 풉 하고 웃음을 터뜨렸다.

"와! 나도 엄마한테 한 번도 못 부려본 잠투정인데. 조금이라도 늦잠 자면 게을러서 어디 써먹겠냐면서 혼냈잖아. 아, 너무 부럽다. 나도 저렇게 철없는 척 남의 부모님한테 내 쪼대로 굴었어야 하는데! 전 남자 친구들 부모님한테 너무 나를 낮췄어."

나는 너무 조심하고, 예의 바르게 행동했던 과거의 나를 떠올리며 또 한숨이 푹 나왔다. 뭘 그렇게 잘 보이고 싶어서, 마음에도 없는 말과 행동을 했을까. "이건 다 사회가 너무 유교를 강요한 탓이야!"라며 절규했다.

점심이 되어서야 일어난 로아가 식탁 앞에 앉아 눈을 비비고 있자, 엄마가 김치 한 조각을 손으로 찢어줬다. 그러자 로아는 아기처럼 입을 '아' 하고 벌려 받아먹은 뒤 오물오물 씹으며 맛있다고 활짝 웃었고, "굿!"이라고 말하며 두 손으로 엄지를 세웠다. 그 모습을 본 엄마가 말했다.

"딸 같은 며느리는 이런 걸 두고 말하는가 봐. 그냥 웃음이 나오네. 딸 하나 새로 키운다고 생각하지 뭐."

물론, 이런 사이에서 장점만 있다고 말하는 건 아니다. 분명 단점도 존재한다. 예의의 경계가 흐려진다. 로아는 한국말은 하나도 못 한다. 나도 쿠르드어를 하나도 못 한다. 영어가 우리 사이의 유일한 언어 수단이지만, 양쪽 다 영어는 모국어가 아니다. 그래서 뭔가 모르게 이렇게 언어를 사용해도 되나 싶은 기분이 묘한 순간들이 한 번씩 있다.

특히, 영어는 특별히 존댓말이 정해져 있지 않아 무심코 단어를 뱉을 때 괜히 명령처럼 들릴 때가 있다. 나도 영어를 할 때 마음이 급해지면 동사부터 튀어나올 때가 종종 있는데 우리 서로 그런 실수를 한다.

쇼파에 앉아 어디서 웨딩 사진을 찍고 싶은지 의논하고 있는데 문득 내가 친구를 위해 결혼식 영상을 만들어 준 것이 생각났다. 그 영상 속에는 로아가 원하는 장소가 분명히 있었다. 로아에게 "영상 보여줄까?"라고 말하니 로아가 이렇게 답하며 내 엉덩이를 툭툭 쳤다.

"Bring it!" *가져와!*

'아니, 가져와? 이 말을 그냥 듣고 넘겨야 하나? 그게 맞나? 그리고 내 엉덩이는 또 왜 치는 거지?'라며 이런저런 생각이 스쳤지만, 뭐라고 하기엔 또 애매해서 그냥 넘어갔다. 영상을 틀자, 로아는 거듭 "뷰티풀!"을 외치더니 또 한 번 더 나의 고개를 갸웃거리게 만드는 말을 했다.

"Make me this kind of video." *나도 이런 영상 만들어... 줘?*

나는 속으로 '이게 대체 명령이야, 부탁이야?' 하고 생각했다. 물론, 무슨 말이 하고 싶은지 그 의도는 충분히 알겠는데, 왜 이렇게 내가 아랫사람이 된 느낌이 드는지 모르겠는 그

때, 동생이 이건 좀 아니라고 생각했는지 로아에게 속삭였다.

"'해줄 수 있어요?'라고 물어봐야지, 그건 명령 같잖아."

그제야 자신의 실수를 알았는지 로아는 "오! 쏘리~" 하며 얼굴을 붉히며 부끄러워했다. 그 모습에 내가 괜히 쪼잔한 사람이 된 듯했다. 악의가 없는 걸 알아서 뭐라 할 수 없는 그 요상한 감정 말이다.

그날 밤, 로아는 집에 계속 있는 게 심심했는지 동생과 함께 다이소에 갔다. 그들은 매장의 화장품 코너를 통째로 가져온 듯 쇼핑 봉투를 한가득 채워 들고 왔다. 로아는 그중에서 키티 대일밴드를 꺼낸 뒤 엄마 다리를 가리켰다. 다리에 상처가 난 걸 언제 봤는지 로아는 빨갛게 생채기 난 곳을 살피며 하나씩 붙였다. 나는 그 광경을 보며 말했다.

"엄마, 한국인 며느리 봤으면 이런 건 상상도 못 하는 거 알지?"

"상상도 못 하지."

엄마는 다리에 덕지덕지 붙은 분홍색 키티 얼굴을 보며 피식 웃었다.

"로아, 내일은 내가 강의 나가야 해서 같이 못 있어 줄 것 같은데 괜찮아?"

내가 다이소 물건에 정신이 팔린 로아에게 말하자 로아는 활짝 웃으며 말했다.

"My sweet sis! I swear you are the most beautiful and the most gorgeous and cutest teacher ever!!!"

내 사랑하는 씨스! 나는 진심으로 씨스가 세상에서 가장 아름답고, 가장 멋지고, 가장 귀여운 최고의 선생님이라고 믿어!!!

로아의 멘트에는 과장과 온갖 수식어가 장난 아니게 붙는다. 사실관계를 떠나서 그 말을 들을 때마다 기분이 좋다. 그 애교에 녹아버린 나는 불쑥 이렇게 말했다.

"내가 너희 블레싱 데이에 호텔 잡아줄게! 하룻밤은 너희끼리 오붓하게 맘껏 놀아!"

나는 너무 기분파다. 조금만 잘 해주면 이렇게 온갖 걸 내어준다. 잠깐, 남자들이 이래서 리액션 많은 여자를 좋아한다고 하는 건가? 로아가 내 동생뿐만 아니라 온 가족을 꼬시고 있었다. 로아는 내 말에 또 활짝 웃으며 "땡큐우우~" 하더니 동생을 툭툭 치며 누나한테 뽀뽀해 주라고 했다. 나와 동생은 기겁해 손사래를 치며 외쳤다.

"절대 싫어!!!"

내가 한국에서는 남매끼리 뽀뽀 같은 건 절대 하지 않는다고 말하자, 로아는 "진짜?"라고 말하며 갸우뚱거렸다. 그러더니 다시 다이소 물품들로 시선을 옮겼다.

로아를 보며 다짐했다. 만약 내가 결혼을 하게 된다면, 며느리 롤모델은 무조건 로아다. 사람은 무조건 실수할 수 밖에 없으니까 처음에 실수 많이 하고, 천진난만해 보이는 게 최고다. 아니, 며느리라는 단어도 내 머릿속에서 빼버려야겠다. 그런 호칭 없이, 그냥 예의 없지 않은 선에서 내 멋대로 할거다. 과장된 칭찬도 듬뿍 뿌려서 말이다.

이렇게 결혼도 안 했으면서, 결혼할 남자 친구도 없으면서 미래가 두려워 무기와 방패막을 또 하나씩 만들어놓고 있다.

블레싱을 위한 하얀 사원 속 회색 현실

　외국 영화를 볼 때면 가끔 한국에서는 상상도 못할 장면이 나오곤 한다. 사랑에 빠진 두 주인공이 갑자기 둘이서만 결혼식을 하기로 마음먹고, 모두가 자는 밤, 주황빛 불이 켜진 거리를 걸어 작은 성당으로 들어간다. 그리고 성모 마리아나 십자가에 박힌 예수님이 지켜보는 가운데, 곳곳에 촛불이 어른거리는 성당 안에서 눈을 비비며 나온 목사의 주례만으로 결혼이 성사되는 로맨틱한 장면 말이다. 그렇게 둘의 블레싱을 화려하고도 엄숙한 종교 건물 내에서 보게 될 거라고 상상했는데 현실은 영화와 달랐다.

몇 년 전, 버스를 타고 지나가던 길에 우리 동네에 이슬람 사원이 떡 하니 생긴 걸 보고 나는 기겁했다. 주위의 회색, 베이지 건물 틈에서 온통 새하얀 페인트로 칠해진 벽에 초록색 고딕체로 '이슬람 사원'이라고 적혀 있는 건물은 나에게 꽤나 위협적으로 다가왔다.

마치 로마에 '비토리오 엠마누엘레 2세 기념관'이 세워졌을 때, 건물색이 너무 하얘서 주변 경관과 어울리지 않는다며 싫어했던 이탈리아 사람들의 심정이 백번 이해됐다. 마치 내 나라가 아닌 듯, 이 고요한 한국 지방에 생각지도 못한 종교 건물이 떡 하니 들어서 있으니 얼마나 놀랐겠는가.

그런데 내가 실제로 이 건물에 들어서게 될 줄 누가 알았으랴. 혹여 용하다는 점쟁이가 "미래의 어느 날, 너는 저 건물에 발을 들이게 될 것이다!"라고 말했어도 "거짓말! 당신은 돌팔이야!"라며 호통치고 나왔을 것이다. 다시 한번 느끼지만, 인생은 알 수 없다.

얼마 전, 로아가 블레싱을 앞두고 슬픈 표정으로 이런 말을 했다.

"한국에서는 같이 동거하다가 결혼하는 경우가 있다고 들었어. 그런데 쿠르디스탄에서는 같이 살다가 결혼식을 올리는 건 있을 수 없어. 그 자체로 이미 결혼한 걸로 치거든. 무조건 모든 일이 일어나기 전에만 결혼식을 할 수 있어."

그 말에 우리는 서둘러 이슬람 사원을 찾았다. 자신의 나라에서 결혼식을 못 한다는 걸 알고도 여기까지 건너온 거라면, 블레싱이라도 빨리해서 로아의 마음을 달래야지, 생각했기 때문이다.

우리는 그 흰 건물 앞에 차를 세우고 입구로 들어섰다. 1층 입구부터 신발이 잔뜩 놓여 있길래, 우리도 그 앞에 신발을 벗어 놓고, 바닥에 온통 빨간 부직포가 깔린 계단을 조심스럽게 올랐다. 쥐새끼 한 마리 기어다니는 소리도 안 들릴 만큼 조용한 사원 안엔 묘한 긴장감과 묵직한 공기가 감돌았다. 심지어 중간중간 창으로 들어오는 햇빛에 보이는 떠다니는 먼지마저 성스럽게 보였다. 처음 접하는 종교의 기운에 살짝 쫀 나는 동생을 힐끔 쳐다봤다. 동생도 긴장했는지 앞장서지 못하고 로아 뒤로 걸었다.

2층으로 올라가자 두께감이 묵직하게 느껴지는 문이 보였다. 그 앞에서 우리는 한참이나 서로 네가 먼저 여니 마니 실랑이를 벌였고, 답답했던 로아가 결국 손잡이를 힘껏 잡아당겼다. 푹신푹신한 바닥이 펼쳐진 내부에는 두 명의 남자가 머리에 뚜껑같이 생긴 흰 모자를 쓰고 앉아 책을 보며 무언가를 중얼거리고 있었다. 교회나 법당 같은 특별한 종교적 장식들이 가득할 줄 알았지만 그런 건 전혀 없었다. 오히려 휑했다. 아무것도 없는 흰 벽에 앞쪽의 작은 창문 하나로만 빛이 들어오고 있었다. 인기척을 듣고는 귀퉁이에 앉아 있던 한 남자가 일어서서 다가왔고, 로아는 그에게 무언가를 열심히 이야기했다.

"우리는 이맘을 찾고 있어요."

그러자 그는 다른 남자에게 가서 무언가를 속삭였다. 그 사이, 내가 로아에게 물었다.

"이맘이 뭐야?"

"이슬람 종교 지도자를 우리는 '이맘'이라고 불러."

교회로 치면 목사, 천주교로 치면 신부, 불교로는 스님쯤 되는 듯했다. 그는 우리를 아래층 방으로 안내했다. 문이 열리자 큰 흰색 천으로 머리를 돌돌 만 채 턱수염이 가득한, 50대쯤 되어 보이는 남자가 흰 옷차림으로 서 있었다. 얼굴만 빼고는 내부의 벽까지 온통 희어서 눈이 아팠다.

로아와 동생은 이맘의 탁자 앞에 나란히 앉았고, 엄마와 나는 뒷구석에 콕 박혀 그들의 움직임과 말을 유심히 살펴봤다. 나는 엄마가 소외되지 않게 내가 알아들은 이야기들을 즉시 통역했다. 동생이 상황을 진두지휘하고, 이 종교에 대해서도 우리에게 설명할 줄 알았는데, 낯선 분위기 탓인지 그는 꿀 먹은 벙어리가 됐다. 아니, 어쩌면 무슨 말을 해야 할지 모르는 걸지도.

　한참 동안 이맘과 로아가 대화를 한 뒤, 이맘이 동생에게 물었다.

　"이슬람 이름이 있나요?"

　드디어 동생이 입을 떼나 싶었는데, 로아가 먼저 대답했다.

　"아미르."

　마치 미용실에 따라온 엄마가 아들 대신 모든 대답을 다 하는 것처럼 말이다. 나는 뒤에서 동생을 향해 소곤소곤 물었다.

　"이슬람 이름을 언제 만들었대?"

　그런데 동생의 답이 더 충격이었다.

　"나도 지금 알았어."

　너는 도대체 아는 게 뭐냐는 듯 어이없는 표정을 지으며 동생을 바라보다가, 로아에게 고개를 돌려 물었다.

"로아, 아미르가 무슨 뜻이야?"

"왕자."

그 말을 하는 로아의 눈에서 또 꿀이 뚝뚝 떨어졌다. 조금만 더 내뿜으면 꿀 한 단지를 팔 수 있을 만큼 양이 나올 수도 있겠다 싶었다. 나는 또 풉, 하고 웃음이 터졌다. 제발, 날 살려줘, 얘들아!

지금 바로는 힘들다는 이맘의 말에 그들은 준비를 마친 뒤 오늘 저녁에 이곳에 다시 와서 블레싱을 하기로 했다. 이맘은 주례 비용으로 10만 원을 요구했다. 이렇게 대놓고 말한다고? 싶었지만, 시간을 내주는 수고비 정도로 생각했다.

비용 이야기가 끝나자, 이맘이 이제야 속이 시원해졌는지 옆에 앉아 있던 무슬림 남자에게 오렌지 주스를 가져오라고 했다. 그가 한 잔씩 나눠주자, 나는 속으로 중얼거렸다.

'이거 이거, 눈에 너무 보이잖아.'

문을 나서기 전, 나는 차오르는 호기심을 끝내 참지 못하고 이맘에게 조심스레 물었다.

"당신은 어느 나라에서 왔어요?"

"파키스탄."

그는 온화한 미소로 대답했지만, 저 미소 뒤에 뭔가 감춰진 게 있지 않을까 하는 생각이 스쳤다. 왜 다른 나라까지 와서 종교활동을 하며 이 사원에서 사는 건지, 돈은 어떻게 버는지 등 궁금한 게 수십 가지였지만, 신성한 공간에서 작가의 호기심은 잠시 접어두기로 했다.

그렇게 집에서 긴장을 풀고 잠깐 쉬고 있는 와중, 둘이 다투는 소리가 들렸다. 블레싱을 앞두고 기뻐야 할 순간에 갑자기 웬 다툼인가 싶었지만, 선뜻 그들이 있는 방으로 들어가진 않았다. 대신 누군가 거실로 나오길 기다렸다. 잠시 후, 동생이 약간 화가 난 얼굴로 식탁에 털썩 앉으며 말했다.

"이맘이 가격을 올렸어. 30만 원으로. 10분밖에 안 걸리는 걸 30만 원이나 요구하네. 종교 지도자 맞아? 난 그 돈 주고는 못 해. 돈도 아까운데, 그 심보가 더 마음에 안 들어."

동생은 씩씩대며 불평을 늘어놓았다. 이게 이렇게 싸울 만한 일인지는 모르겠지만 말이다.

종교든 사랑이든, 결국 돈 앞에서는 다 똑같은 얼굴이 된다. 그리고 역시, 돈 때문에 둘의 첫 싸움이 시작됐다. 둘이 각자의 나라에서 편하게 연락만 할 때는 이런 상황이 생길 줄 생각도 못 했겠지. 이래서 실제로 만나봐야, 그리고 서로의 지갑이 열려봐야 이 관계의 진짜 얼굴을 알 수 있는 거다.

　이 커플은 이제 진짜 시작이다.

결혼은 미친 짓이야!

"가격 올리는 이유가 뭐래?"

내가 이해가 안 간다는 듯 물었다.

"급하게 하는 거라 그렇대."

역시. 그 온화한 미소 뒤에 감춰진 무언가가 있을 거라 생각했다. 그래도 어쩌나. 자본주의 사회는 수요와 공급으로 돌아가는걸. 급한 사람이 약자다.

"이슬람 사원 다른 곳 또 있잖아."

"거긴 전화 자체를 안 받아."

엄마는 나와 동생의 대화를 가만히 듣더니 말했다.

"그럼 30만 원 주고라도 해."

그러자 동생은 고개를 저으며 말했다.

"왜 이렇게 돈을 더 쓰면서까지 서둘러야 하는지 모르겠어."

그는 돈이 자신의 예상보다 더 많이 들어간다며 불평했다. 미리 예약해 둔 두바이행 티켓은 로아의 비자가 해결되지 않아 위약금을 물고 취소했고, 금반지에서 다이아몬드 반지로 바뀌면서 지출이 더 늘어났다는 것이었다. 그리고 그 이후에 여러 가지 서류와 자잘한 것들을 준비하느라 돈을 이미 많이 썼다고 했다. 물론 돈을 생각 안 할 수는 없지만, 사랑한다면 그 정도는 감수해야 하는 거 아닌가 생각했다. 어떤 일이든 초반에는 돈이 많이 들어가니까.

"필요한 사람이 따라야지. 그럼 안 할 거야?"

엄마가 다그쳤다.

"난 이렇게 빠르게 진행하고 싶지 않았어. 내가 원한 건 이런 게 아니야."

그 말에 온몸에 소름이 좌악 돌았다. 20대 때부터 숱하게 겪고, 들어도 본 말. 내 몸이 그 문장 속 단어 하나하나를 다 기억하는 듯했다. 내가 그토록 싫어하는 이런 대책 없이 우유부단한 성격 유형을 내 동생이 가지고 있다니.

나는 그때로 돌아간 듯, 동생에게 소리쳤다.

"그럼 로아를 불렀으면 안 됐지! 그 나라는 여자의 순결이 중요하다는 거 알고 있었지? 그렇게 천천히 하고 싶었으면 다른 나라 여자랑 사귀었어야지. 뒷일 생각도 안 하고 이렇게 멀리서 온다는데, 너 가만히 있었지? 그리고는 이제 와서 네가 예상한 것보다 돈 더 든다고 이렇게 생난리를 쳐? 네가 벌인 일이야. 책임져."

전 남자 친구들에게 냈어야 했던 화를 동생에게 냈다. 그리고 나는 그 자리에서 벌떡 일어나 방에 누워있는 로아에게 갔다. 동생은 자신의 불만을 우리에게 표출할 수 있지만, 로아는 여기서 털어놓을 사람이 없다는 걸 나는 충분히 알고 있었다.

'젠장, 나는 이런 걸 왜 이렇게 잘 아는 거야. 가만 못 있게.'

로아는 어디가 아픈지 힘없이 누워있었다. 이렇게 먼 나라까지 와서 이러고 있는 걸 보니 안쓰러웠다. 나는 그런 로아 옆에 살포시 앉았다.

"로아, 괜찮아?"

그러자 로아는 미소를 지으며 괜찮은 척 애쓰며 말했다.

"3년 동안 숱하게 싸웠어. 좀 있으면 준호 화 풀릴 거야."

그 말하는 로아의 눈엔 슬픔이 가득했다.

"이맘이 가격 올렸다고 들었어."

"응. 그래서 준호가 화났어. 그래서 내가 내겠다고 했는데, 저렇게 고집이야."

어떻게 보면 지금은 로아가 약자다. 돈을 더 줘서라도 빨리 진행해야 부모님에게 떳떳할 수 있으니까. 로아가 더 급하니까. 아니, 어쩌면 사귀는 내내 로아가 둘 사이에서 약자였을지도 모르겠다.

로아는 일어나 화장을 지우려고 다이소에서 사 온 클렌징 티슈로 눈을 문질렀다.

"저런데도 준호가 좋아?"

내가 얼굴을 찡그리며 물었는데도 로아는 피식 웃으며 손가락으로 자신의 눈을 가리키며 말했다.

"코옹카치."

이놈의 콩깍지는 벗겨질 생각이 없나 보다.

"아무리 그래도 멀리서 여기까지 왔는데, 당연히 섭섭할..."

내가 이 말을 하자마자, 소 눈망울 같은 커다란 로아의 눈에서 눈물이 퐉 하고 튀어나왔다. 정말이지 순식간에 일어난 일이라 나는 그 뒤의 말을 이을 수가 없었다. 로아는 손에 들고 있던 클렌징 티슈로 얼굴을 감싸며 엉엉 울었다. 나도 모르는 사이 내가 로아의 가장 약한 부분을 건드린 것 같았다. 우두두 쏟아지는 로아의 닭똥 같은 눈물에 나도 모르게 눈시울이 붉어졌다. 그 작은 방에서 우리 둘은 손을 붙잡고 엉엉 울었다.

"나쁜 놈들! 이 착한 여자들 눈에 눈물 쏙 빼게 만들고! 다들 벌 받아라!"

로아는 내 말에 울다가 입꼬리를 들썩이며 웃었다. 닦다만 아이라이너의 검정색소가 눈두덩이까지 번져 까맣게 뒤덮고 있었다.

"나 지금 팬더같지?"

"응. 근데 귀여운 팬더야."

둘이 무슨 이야기를 하는지 궁금해 방으로 온 엄마는 우리를 보더니 대충 사태를 파악하고는 침대 위에 걸터앉았다. 그리고 엄마는 아무 말 없이 새 클렌징 티슈를 꺼내 로아의 얼굴을 살살 닦았다.

"나 아기가 된 기분이야." 로아가 웅얼웅얼 대며 말했다.

그렇게 한바탕 여자들의 시간이 끝난 뒤 로아는 얼굴을 씻고 나와 로션을 바르고 있었다. 엄마는 그사이 현금 50만 원을 봉투에 넣어 로아에게 건네면서 나한테 통역하라고 했다.

"엄마가 주는 용돈. 준호한테 말하지 말고, 로아 쓰고 싶은데 써."

그러자 겨우 눈물을 그친 로아의 눈에서 다시 눈물이 푹 하고 터졌다. 밝은 척했지만, 낯선 나라에 와서 무섭고 불안하고 또 서러웠던 것이다.

에이, 이래서 내가 남자 믿을 게 없다고 하는 거라고! 믿음직한 남자가 있었다면, 지금 이렇게 부정적이진 않았겠지.

"로아, 저녁 해 놨어. 밥 먹자."

엄마는 미역국을 해놓고 로아를 거실로 불렀다. 배고파서 이미 혼자 밥을 먹고서는 화 난 채로 소파에 드러누워 있는 동생을 힐끔 보고는 로아가 식탁에 앉았다. 울어서 퉁퉁 부은 눈을 하고도 밥을 한 숟갈 뜨고는 나에게 속삭이며 "준호는 밥 먹었어?"라고 물었다.

그 질문에 대답하는 내가 부끄러웠다. 내가 고개를 끄덕이니 로아도 눈을 질끈 감고 고개를 끄덕였다. 엄마가 숟가락에 미역이랑 김치 한 조각을 얹어주니 로아가 먹고는 언제 울었냐는 듯 활짝 웃으며 두 엄지를 위로 치켜들었다. 이 상황에도 이런 리액션을 하다니. 나는 그저 대단하다는 생각밖에 안 들었다.

야속한 시간은 기다려주지 않았고, 이맘과 약속한 대로 블레싱을 하러 가야 할 시간이 되었다. 내가 방으로 가니, 로아가 황급히 무언가를 쓰다가 접어서 주머니 속에 넣었다. 뭘 저렇게 숨길까 싶었지만, 애써 모르는 척했다.

"로아, 준비는 다 됐어?"

"응. 이제 나가면 돼."

나는 현관문을 열었다. 이미 밖에 나가 있던 동생은 복도 벽에 기대어 있다가 나를 보고 중얼댔다.

"그냥 기숙사에서 혼자 살고 싶다."

그 말에 내 이마가 살짝 찌푸려졌고, 동생을 가만히 쳐다보다가 고개를 돌리며 말했다.

"못 들은 걸로 할게."

나는 주차장으로 내려가 차에 시동을 걸었다. 말은 그렇게 했지만 지금 이 차를 운전하는 게 맞는지 혼란스러웠다. 둘은 군말 없이 뒷좌석에 탔고, 집으로 올 때 서로의 어깨에 기대던 자세와 달리 남인 듯 각자 창밖을 쳐다봤다. 로아가 손에 꼭 쥐고 있는 흰색의 작은 손수건 같은 천에 눈이 갔다. 그것도 고작 10분 하는 블레싱을 위해 쿠르디스탄에서 행복한 날을 기대하며 캐리어에 고이 접어 챙겨온 거겠지.

　이슬람 사원으로 가는 길은, 마치 내가 내 동생과 로아를 지옥으로 데려가는 듯한 기분이었다. 내가 지금 하고 있는 일이 옳은 건가 하는 생각이 운전하는 내내 가시질 않았다.
　얼마 가지 않아 우리는 이슬람 사원에 도착했고, 환하게 우리를 맞이하는 이맘의 표정에 나는 쓴웃음을 짓고 뒤쪽 의자에 앉았다. 로아는 앉자마자 들고 온 흰색 천을 머리에 살포시 얹었다. 동생이 덥다며 짧은 티에 반바지를 아무렇게나 입고 온 모습을 보고는 나는 혀를 내둘렀다. 엄마는 뭐가 계속 불안한지 블레싱 도중에도 내게 속삭였다.
　"지금이라도 멈춰야 하나… 둘 다한테 손해 아니야?"
　잠시 고민하다가 나는 단호하게 말했다.
　"이제 본인들 선택이야. 그만두고 싶으면 자기 입으로 말해야 해."
　그러나 동생은 끝내 블레싱을 멈추지 않았다. 그것 또한 그의 선택이다. 상황을 모르는 이맘은 자신이 블레싱을 위해 읊어야 할 구절 또는 말을 다 하고 나서 둘을 향해 환하게 웃으며 말했다.

"축하해요! 오늘 그 누구보다 행복한 두 사람이겠네요!"

이맘의 말에 둘은 입꼬리만 올린 채 웃었지만 여전히 서로를 쳐다보지 않았다. 그 둘을 보며 나는 고개를 저었다.

역시, 결혼은 미친 짓이야.

인샬라 & 마샬라

며칠 전, 로아가 나에게 쿠르디스탄에서 쓰는 숫자 읽는 법을 알려줬다. "아라비아 숫자가 이슬람 숫자인 거 아니야?"라며 무지를 뽐내던 내게 로아는 생전 보도 못한 문자를 보여줬다.

٠ ١ ٢ ٣ ٤ ٥ ٦ ٧ ٨ ٩

"앞에서부터 0이고, 마지막은 9."
0은 점, 1과 9는 아라비아 숫자와 비슷했고, 그 외의 숫자만

익히면 되는 간단한 것이었다. 로아는 한 글자씩 나에게 쓰는 법을 가르쳐줬다. 언어라면 자신 있던 나는 패턴을 파악하고는 순식간에 숫자를 다 익혔다. 그리고 로아의 휴대폰 화면에 뜬 디지털 숫자를 보며 읽었다.

٠٩ : ٢٧

"이건… 9시 27분!"

"와! 씨스! 똑똑하다!"

로아의 칭찬에 나는 어깨를 으쓱하며 나의 단기기억력을 뽐내며 말했다.

"이제 많이 쓰는 단어 하나 더 가르쳐 줘."

그러자 로아가 말했다.

"인샬라."

"인샬라?"

"응. 인샬라는 미래의 상황을 이야기할 때 꼭 붙이는 단어야. 인샬라, 한 다음에 뭐 할지 말하는 거지."

'인샬라(inshallah)'는 '신의 뜻대로, 신이 원하신다면'이라는 의미인데, 무슬림들은 미래는 인간이 아닌 신의 뜻에 달려 있다고 생각하기 때문이라고 한다. 이런 간단한 단어에도 심오한 뜻이 있다니. 과연 신의 영향력이 대단한 곳이긴 하다.

　둘의 블레싱은 성대할 것도 없었다. 사원의 사무실에 나란히 앉아 이맘이 이슬람 언어로 솰라솰라 몇 마디를 했고, 마지막에 영어로 "이제 둘은 부부입니다!"라고 하자 끝이 난 걸 알았다. 이 몇 마디로 결혼의 신성성이 부여된다고 하니, 겉은 별거 없어 보이지만 둘은 진짜 부부가 된 것이다.

　오히려 그게 더 무서웠다. 마치 라스베이거스에서 술에 취해 장난으로 결혼했는데 그게 진짜 결혼이라는 걸 알고는 화들짝 놀라 혼인 무효 서류를 작성하던 미국 드라마의 여주인공처럼 말이다.

　블레싱이 끝나자 옆에 증인으로 서 있던 무슬림 한 명이 다른 방으로 들어가더니 냉장고에서 음료와 파인애플을 꺼내 왔다. 왜 굳이 파인애플인가 싶어, 나는 그새를 못 참고 이맘에게 물었다.

　"보통 블레싱이 끝나면 파인애플을 먹나요?"

　그러자 그는 보통 달콤한 것을 나눠주는데, 둘의 결혼 생활이 달콤하고 풍요롭기를 바란다는 뜻에서라고 했다. 파인애플에 대단한 뜻이 있는 게 아니라, 이맘이 가진 것 중 달콤한 게 파인애플과 음료뿐인 것이었다.

"이것도 30만 원 안에 들어간 거지?" 내가 엄마에게 속삭였다. 그리고는 이맘을 보고 "아하!"라며 싱긋 웃었다. 그때부터였다. 이맘이 나에게 관심을 갖기 시작한 게.

"영어 할 줄 알아요?"

그가 나를 보며 의미심장한 웃음을 지으며 말하는 게 아닌가. 나는 "오브 코올스!"라고 대답하며, 한편으로는 이제껏 영어로 계속 말했는데 영어 할 줄 아냐고 묻는 건 뭔가 싶었다. 이번엔 내가 반대로 물었다.

"한국어 할 줄 알아요?"

"아니요."

'그게 자랑이에요? 한국에서 종교 활동하는데 한국어부터 배우세요, 아저씨.'라고 한마디 해주고 싶었지만... 참았다.

이맘은 나에게서 시선을 거둬 로아와 대화를 하더니 "마샬라(Mashallah)!"를 외쳤고, 나는 인샬라랑 무슨 연관이 있는 건가 생각하며 파인애플을 꼭꼭 씹어 먹었다. 우리의 대화가 끝난 줄 알았는데 이맘은 다시 내게 말을 걸었다.

"무슬림이에요?"

그의 말에 나는 무슬림은커녕 코란의 한 구절도 읽어본 적 없는 순수 한국 혈통의 평범한 시민이요, 무슬림이 될 생각은 상상도 아니, 내 머릿속에 그 종교를 한 번도 떠올려 본 적 없다고 답했더니 그가 살짝 실망한 듯 표정을 짓더니 마지막으로 물었다.

　"몇 살이에요?"

　이맘의 물음에 나는 손가락을 세 개 펴며 "서른셋"이라고 말했고, 이맘이 놀라며 눈을 동그랗게 떴다. 열다섯 살인 줄 알았다는 그의 말에 나는 종교인이라 농담도 극적이라면서 너스레를 떨었다.

　블레싱이 끝나고 나오는 길에 궁금증을 참지 못한 나는 로아에게 물었다.

　"인샬라는 무슨 뜻인지 이제 알겠어. 근데 마샬라는 뭐야? 이맘이 너한테 마샬라 어쩌고 저쩌고 하던데."

　그러자 로아가 이상한 표정으로 고개를 저으며 말했다.

　"내 이야기가 아니라 씨스 너 이야기였어! '마샬라'는 너무나도 예쁜 사람한테 쓰는 말이야."

　그 말에 "그래?"라며 칭찬에 나는 어깨를 으쓱했다. 그러다 그 뒷말에 다시 어깨를 내려야 했다.

"근데 저 사람이 나이 묻는 건 네가 마음에 들어서야. 원래 이맘은 나이가 어린 아내를 몇 명 들이거든."

아까 예쁘다는 말에 좋아했던 내가 싫어졌다.

"오 마이 갓. 쉣! 저 나이에?"

나는 징그럽다는 표정과 함께 "우웩" 하는 소리를 냈다. 한편으로 서른세 살이나 먹어서 얼마나 다행인지 모르겠다. 그의 표적에서 벗어났으니.

이제 이 부부는 우리와 잠시 떨어져 있을 시간이 되었다. 둘은 내가 예약해 둔 호텔로 가려고 택시를 잡았다. 나는 걱정스러운 표정으로 손을 흔들며 말했다.

"로아, 인샬라 호텔에서 행복한 시간!"

그러자 로아는 활짝 웃으며 손 뽀뽀를 날렸다. 기분이 안좋을 텐데도 우리에게 손을 흔드는 로아를 보니 오만 가지 감정이 한꺼번에 밀려왔다.

"아미르는 성질 좀 죽이고."

동생은 나의 장난에 피식 웃고는 내게 손을 휘이휘이 저으며 택시에 탔다. 둘이 떠나는 걸 보고 나서 엄마와 나는 다시 차에 올라탔다. 며칠 만에 드디어 둘만의 시간을 보낼 수 있게 된 것이다. 나는 입으로 "휘유" 숨을 내뱉고는 말했다.

"엄청난 드라마다. 하루라도 우리끼리 지내니까 얼마나 숨통이 트이는지! 앞으로는 애들 오면 빨리 방 구하러 다니자."

엄마도 피곤한지 목이 부서져라 고개를 끄덕이며 말했다.

"내가 이 나이에 뭐 하는 건지 모르겠네."

엄마와 내가 집에 도착할 즈음 로아로부터 문자가 왔다.

'씨스! 뒷좌석 손잡이 확인해 봐.'

나는 뒷좌석 문을 열어 손잡이를 더듬었고, 바스락거리며 휴지 한 장이 손에 잡혔다. 돌돌 말린 휴지 안에는 자신이 가진 현금 전부인 100달러 한 장이 말려 있었고, 휴지에는 빨간색으로 글씨가 쓰여 있었다.

'50만 원 꼭 갚을게! 언니와 엄마 덕에 외롭지 않았어.'

아까 로아가 방에서 무얼 하다 급히 숨기던 찰나의 순간이 기억났다. 나는 그 휴지 종잇장을 다시 접어 가방에 넣고, 하늘을 올려다보며 중얼거렸다.

"먼 미래는 모르겠고! 인샬라, 부디 둘이 화해해서 로아가 행복한 저녁을 보내기를!"

Chapter 2

같이 산다는 건
작은 전쟁이다

Day 6 ~ 10

나 역시 오만한 인간

    나는 어릴 적부터 심성이 곱기로는 둘째가라면 서러울 정도였다. 동그랗고 쌍꺼풀이 짙게 낀 눈은 내가 순수한 사람임을 보여주는 증표였고, 남의 것을 탐한 적도, 누군가에게 상처 주는 말을 퍼부은 적도 없었으며, 누가 잘못해도 화내기보다는 좋게 말로 타이르는, 이 정도면 선한 사람 아니냐고 자부했다.

    그런데 자라면서 착한 사람이 당하는 여러 일을 겪고 난후, 나는 나쁜 사람이 되고 싶어졌다. 아무도 나를 함부로 보지 못하게, 못된 말도 할 줄 아는 '기 센 여자' 말이다. 그런 친구들이 뱉는 말을 따라 뱉어보고, 싸가지 없어 보이고 싶어 걸음걸이나 말투를 껄렁대기도 했다. 그렇게 몇 년 동안 그런 행동을 주워 하다 보니, 작전은 성공했다. 실제로 나는 그런 사람이 되어갔다.

올 초에 겪은 일이다. 고등학교 때부터 알고 지낸 친구가 결혼을 하게 되어 동창들을 불러모았다. 친구는 남자 친구와 헤어진 뒤 몇 달째 집에 틀어박혀 있던 나를 기어코 밖으로 끌어냈다. 너무 오래 안 봐서 친구들을 못 알아보면 어쩌지 하는 우스운 상상도 했다.

장소는 시내 한복판의 2층 건물, 말로 풀면 '남자들이 구워주는 고깃집'이었다. 친구들이 하나둘 들어왔고, 나의 상상과는 다르게 10년 만에 본 얼굴들은 놀랍도록 그대로였다. 한 명은 은행원, 한 명은 고등학교 선생님, 또 한 명은 이제 막 수의대를 졸업한 풋풋한 사회 초년생. 우리는 고기 불판 앞에서 활활 달아오른 얼굴로 서로를 마주하고 앉아 있었다.

사회생활 좀 해서 너스레를 좀 떨 줄 아는 은행원 친구가 고기를 굽다 말고 물었다.

"넌 남자 친구 없어?"

"남자 친구는 있다가도 없고, 없다가도 있는 거 아니야?"

"없다는 말이네."

그 말에 나는 입술을 삐죽 내밀었다.

"그럼 너는? 여자 친구랑 결혼해?"

"결혼하지. 이제 식장 잡아서 내년 쯤에 하려고."

심지어 선생님인 친구도 결혼할 여자 친구가 있다고 했다. 이제 대학을 막 졸업한 수의대생과 나만 빼고 다들 짝이 있었다. 다들 어디서 이렇게 짝을 찾은 걸까. 진짜 나는 노오력(?)이 부족한 걸까. 짚신도 짝이 있다던데 내 짝은 찾기 쉽지 않은 운명을 타고난 걸까. 그런데 요즘 짝 없는 짚신도 많던데, 생각하다가 에라이 모르겠다! 하고 집어치웠다. 이젠 이런 깊은 고민도 귀찮다. 머리를 아무리 굴려 봐도 답이 없다는 걸 아는 나이가 됐으니까.

난 지금 체력을 비축하는 거야. 암, 그렇고말고! 하며 스스로를 위안하며 나는 우걱우걱 고기만 열심히 씹었다. 그때, 갑자기 낯선 목소리가 귓가에 불쑥 끼어들었다.

"가위바위보 해서 이기면 이거 하나 드릴게요."

나는 고개를 홱 돌려 목소리가 나온 쪽을 쳐다봤다. 두꺼운 검정 뿔테 안경을 낀 직원이 김치가락국수를 가리키고 있었다. 다른 사람을 쳐다볼 법도 한데 다들 나를 뚫어지게 쳐다봤다. 직원은 고기를 자르던 가위를 내려놓고 나와 가위바위보를 할 준비를 했다.

'내가 하란 말이지?'

나는 양손으로 깍지를 끼고 팔을 한 바퀴 돌려 깍지 안에 무슨 모양이 나오는지 확인한 뒤 "가위바위보!"를 외쳤다. 아쉽게도 첫판은 무승부. 두 번째도 무승부. 세 번째도 무승부였다. 그리고 네 번째 손 모양을 자신 있게 내던지고 나서 보니 나는 가위를 냈고, 직원은 주먹을 냈다. 김치가락국수는 이렇게 날아갔다.

'미안하다 친구들아. 내가 너희에게 김치가락국수 하나 못 먹이는 못난 친구가 되었구나. 남은 고기라도 맛있게 먹자.' 그렇게 친구들의 아쉬운 얼굴을 보고 있을 때쯤 직원이 말했다.

"음... 무승부가 여러 번 난 것도 인연인데 국수 한 그릇 드릴게요."

그때부터 일이 이상하게 돌아갔다. 김치가락국수가 나온 뒤에는, 치즈가 든 버섯과 분다버그 자몽맛 음료수가 서비스로 나왔다. 이 가게는 분다버그를 팔지도 않는데. 그 직원은 버섯을 구워주며 이상한 소리를 했다.

"진짜 이 정도면 인연이지. 오랜만에 설렜네."

가위바위보한 게 왜 설레는지 당최 이해할 수가 없었다. 여기서 고기만 구워주는 게 아니라 멘트도 서비스인가 보다, 하며 나는 구워주는 족족 가오나시처럼 다 받아먹었다.

계산할 무렵, 아니나 다를까 그는 내 번호를 물었다. 살짝 고민하다가 어두워서 직원의 뚜렷한 형체도 잘 안 보였거니와 이제껏 만나봤던 사람과는 반대로 능력과 상관없이 사람 좋아 보이는 사람도 한 번 알아보자, 생각해서 번호를 줬다. 그런 식으로 생각해선 안 될 일이었지만.

며칠 뒤, 그는 밥을 먹자며 연락을 해왔다. 그리고 그와 만나 차에 탔고, 그가 입을 여는 순간, 나는 집에 가고 싶어졌다.

"출발할게용!"

'용?' 갑자기 그에게서 에스트로겐의 향기가 물씬 풍겨 나왔다. 카톡에서는 그렇다 쳐도 실제 누군가를 만나서 심지어 잘 모르는 누군가에게 '용'을 쓰는 건 나에게 있을 수 없는 일이었다. 서른일곱 살이라던 그가 갑자기 남동생처럼 느껴졌다. 그때, 수년간 단련해 온 나의 '센 여자 모드'가 발동했다.

"말투가 원래 그러세요?"

그는 내 말에 당황한 듯 횡설수설했지만, 이미 그의 말이 귀에 들어오지 않았다. 그리고 음식점 앞에 내려 그가 걸어오는 모습을 보는 순간, 나는 더욱더 집에 가고 싶었다. 그가 마치 똥 마려운 듯 종종걸음을 하며 양팔을 뒤로 뻗은 채 배트맨이 날기 전처럼 걸어왔기 때문이다. 나는 그 모습에 고개를 돌렸다. 더 보면 그가 정말로 더 싫어질 것 같았다. 그리고 무슨 이유인지 파스타는 맛이 하나도 없었다. 맛집으로 좋은 리뷰가 가득 찼던 그 음식점은 어디로 가고, 내 앞에는 미적지근한 맛에 팍 식어버린 듯한 음식이 덩그러니 있었다. 같이 앉아 있는 사람이 마음에 안 들어서 그런 거겠지. 이런 내 생각도 모르고 그는 당최 그 나이라고는 믿기지 않는 이야기를 연신 이어갔다.

"가게 동생이 그러는데요, 민지 씨가 담배 끊으라고 하면 끊을 수 있겠냐고 해서 그럴 수 있다고 했더니 그건 찐사랑이래요, 하하하."

아니, 고등학생이야 뭐야? 한 번 만나고 찐사랑이라니. 이 사람 서른일곱 살 맞아?

"아녜요. 계속 피세요. 뭘 굳이." 나는 억지로 웃음을 지으며 말했다.

"민지 씨는 그런 털털한 성격이 매력인 것 같아요."

"아닌데요? 저 애교 많은 사람이에요."

"예? 정말요?"

응, 너 앞에서만 그러는 건데요. 그리고 나는 속으로 내내 삼켰던 말을 결국 내뱉고야 말았다.

"그쪽은 되게 여성스러우신 것 같아요."

그가 기분 상할 걸 알면서도 나는 굳이 그 말을 했다. 내게서 정 떨어지게 하고 싶었을지도.

"나중에 또 볼 수 있을까용?"

마지막까지 용을 붙여서 묻던 이 남자는 그 말을 듣고도 내가 그를 어떻게 생각하는지 모르는 듯했다.

"그건 모르죠."

그는 그제야 눈치를 챘는지 그 이후로 연락이 없었다. 너무 다행이었다.

그러나 다음 날 아침, 나는 내가 했던 말에 마음이 괴로워 몸을 비틀었다. 아침에 눈 떠 가장 먼저 한 건 나에 대한 자책이었다. 나는 왜 그렇게 밖에 말을 못 했을까. 나보다 학력이 낮다고, 나보다 여성스럽다고, 나보다 경험이 적다고, 나는 왜 단번에 그를 나보다 '아래'로 생각했을까. 그가 느꼈을 감정을 상상하며 속으로 사과했다. 내가 뭐라고, 감히 그렇게 오만했을까. 그날 내가 했던 말들이 오늘의 나를 질식시켰다.

"밥 먹자."

엄마가 부르는 소리에 나는 그제야 침대에서 이불을 걷고 한 다리씩 들어 바닥을 짚었다. 끙차 하는 소리와 함께 힘을 내 일어서고, 구름이 잔뜩 낀 뿌연 얼굴로 방문을 열고 나가 거실 식탁에 앉았다.

"어제 고깃집 남자 만나보니 어땠어?"

나는 젓가락을 만지작거리며 말했다.

"그냥 별로. 나 사람 앞에 앉혀놓고 무표정만 지었어. 말도 함부로 하고, 밥 먹는 내내 눈도 거의 안 봤어."

엄마는 예상했다는 듯 말했다.

"같이 앉아 있는데 눈도 못 마주치면 끝이지. 근데 네가 왜 그랬는지 알 것 같아."

"왜?"

"그 사람을 똑바로 보면 네가 그 사람을 싫어하는 표정이 너무 드러날까 봐. 싫은 건 어쩔 수 없지만, 그 눈빛까지 보여주고 싶지 않았던 거지.”

　엄마가 나의 본심을 문장으로 대신 완성했을 때가 돼서야 나의 진심을 알게 됐다. 나는 아무리 그들의 행동을 따라 하고, 말로 쏘아붙여도 착한 본성이 눈빛까지 보이지는 못했다. 센 여자가 아니라 솔직하고 당당한 사람이 되었어야 하는데, 싸가지 없고 소심한 사람이 되어버렸다. 그렇다고 다시 착하던 나로 돌아가긴 힘들었다. 아니, 돌아가고 싶지 않았다. 상처를 입힐지언정 내가 상처받긴 싫으니까. 이제 나는 더 이상 남의 말에 쭈그려 앉아 울기만 하는 그런 착해 빠진 여자가 되기 싫으니까. 그러나 그런 말을 담아 뱉어내기에는 내가 너무 여렸다는 걸 미처 몰랐다. 그런 만남을 몇 번 거듭할수록 나는 나 자신이 더 싫어졌다. 냉혈한 인간이라고 스스로를 몰아붙이며, 나는 다시 방으로 숨었다.

미용실 사장님의 조카

여자의 삶에는 가끔 그런 때가 있다. 내가 특별히 노력하지 않아도 여러 남자가 한 번에 몰려오는 시기. 어떤 남자가 오는지는 중요하지 않다. 수적으로 그런 때가 '있다'는 말이다. 그런 시기도 이제 다 지나간 줄 알았는데 웬걸, 조짐이 다시 보인다. 이번엔 남자가 아니라 나이를 묻는 어른들이.

"아가씨, 나이가 어떻게 돼?"

아파트를 산책하던 중, 갈색 푸들을 끌고 다니는, 아니 가끔은 안고 다니는 아저씨가 불쑥 내 나이를 물었다. "네?"라며 눈을 동그랗게 뜨자, 아저씨는 씨익 웃으며 말했다.

"우리 아들이 마흔인데 혼자 살아. 아가씨 참해 보여서 아들 소개시켜주고 싶어서 그래."

"얼굴도 모르는 마흔 살은 만나고 싶지 않습니다, 아버님." 이라고 말하고 싶었지만, 나는 참한 아가씨처럼 입꼬리를 올리고 눈으로 사르르 웃으며 "흐흐..." 소리를 냈다. 그리고 꾸벅 인사한 뒤, 내 갈 길을 갔다.

그 후로도 아저씨는 내가 보일 때마다 "우리 아들 소개시켜줄까?"라고 물었지만, 옆에서 걷는 부인의 표독스러운 표정을 보고는 그 강아지의 꼬리라도 보이면 나는 반사적으로 방향을 틀곤 했다. 이 나이가 되면 몇 수 앞을 내다보는 능력이 생겨서, 겪어보지 않아도 내가 훗날 어떤 상황을 맞닥뜨릴지 알 수 있다. 그래서인지 웬만큼 좋아 보이는 일에도 쉽게 들뜨지 않는다. 친구가 "소개팅 한번 해볼래?"라고 제안했다가 곧바로 "미안, 그 남자는 여자 키가 165가 넘었으면 좋겠대." 라는 말을 듣고도 시무룩하기는커녕 "아싸! 괜히 꾸미느라 하루 날릴 뻔!"하며 너스레도 떠는 상태까지 왔다.

남자 친구를 안 만나본 것도 아니고, 사랑도 해봤고, 그 사랑이 끝나면 얼마나 서로 다른 얼굴의 사람이 되는지도 경험해 본 나는, 이혼은 안 해봤어도 꼭 그걸 겪어봐야 이성 간의 사랑이 부질없다는 걸 아냐고 스스로에게 외쳤다.

그렇지만 한 번도 남자 친구를 사귀어 본 적 없는, 아니 그래서는 안 되는 나라에서 건너와 첫사랑을 만나고, 저렇게 상기된 표정으로 알콩달콩 지내는 로아를 보다 보면, 문득 착각하게 된다. 내가 중요한 걸 놓치고 있는 건 아닐까, 하고.

블레싱 다음 날, 둘은 언제 싸웠냐는 듯 손을 꼭 잡고 집으로 들어왔다. 인샬라의 마법이 통했는지 둘의 웃는 모습에 나도 한시름 마음이 놓였다.

"어떻게 둘이 화해했어?"

그러자 로아가 어깨를 으쓱하며 말했다.

"계속 이런 식이면 내가 돌아가겠다고 했어. 그러니까 미안하다더라고."

그 말을 듣고 살짝 놀랐다. 로아가 자기 할 말은 할 줄 아는 걸 알고는 말이다. 전날 로아가 울던 모습이 아른거려 밤에 둘이 또 얼마나 슬픈 밤을 지새고 있을지 걱정했는데 어쩌면 내가 로아를 너무 약한 소녀로 생각했는지도 모르겠다. 로아는 아무리 종교 때문에 불리한 위치에 있더라도 자신을 위해 관계를 버릴 준비도 하는 여자였는데 말이다.

"내 남편은 내가 어떻게 해야 하는지 알아."라며 활짝 웃으면서 뿌듯한 표정을 짓는 로아를 보며 나는 또 고개를 절레절레 저었다. 요즘 하도 많이 저어서 나중에는 목이 360도로 돌아가는 건 아닐까 모르겠다.

언제 싸웠냐는 듯 둘이 또 장난치고 있는 걸 보는데 내가 너무 늙은이가 된 것 같아, 기분 전환이라도 할 겸 엄마와 팔짱을 끼고 미용실에 갔다. 바로 집 앞이라 3분이면 도착하기에 나는 체육복 차림에 안경을 눌러쓰고, 선크림만 바른 맨얼굴로 터벅터벅 걸어갔다. 그러나 늘 그렇듯, 사건은 아무 생각 없이 갔을 때 발생한다.

미용실에는 이미 한 할머니가 머리를 말고 투명 비닐을 열 겹쯤 감은 채로 머리로 소파에 앉아 있었다. 엄마가 먼저 머리를 자르러 거울 앞에 앉았고, 나는 할머니 옆에 앉아 멍하니 TV를 봤다. 할머니는 나를 힐끔힐끔 쳐다보더니 물었다.

"학생, 몇 살이야?"

훗, 역시 내 피부 아직 죽지 않았군. 나는 아무렇게나 꼬아 있던 다리를 풀고 자세를 고쳐 앉은 뒤 수줍게 손가락을 세 개 폈다.

"스물셋?"

"아뇨. 서른세 살이요. 하하."

"어머야, 생각보다 많네."

그러게요, 어느새 그만큼 먹었네요. 세월도 야속하죠, 하며 일흔이 다 되어 보이는 어른 앞에서 세월의 덧없음을 말하려던 차, 할머니는 대뜸 내게 결혼했냐고 물었다. 아직 남자 친구도 없다고 하니 할머니가 자신의 아들 이야기를 했다.

"우리 아들이 마흔셋인데 아직 장가를 안 가고 있어. 근데 아가씨 웃는 게 참해서 내 아들 소개시켜주고 싶은데, 나이 차이가 너무 나네."

"하하, 열 살은 좀..."

그러자 이야기를 듣고 있던 미용실 사장님이 거들었다.

"맘 같아선 내 아들 소개시켜주고 싶은데, 이미 결혼할 여자가 있어. 근데 조카가 한 명 있긴 해. 서른셋인데 진짜 착하고 순해."

"그... 그렇구나."

나는 뭘 어떻게 반응해야 할지 몰라 말을 우물거렸다. 착하고 순한 서른셋이라는 정보만으로 뭘 어떻게 판단할 수 있겠냐만은 첫 번째로 언급한 장점이 착한 거면 별 매력이 없다는 뜻 아닌가. 엄마는 "언제까지 재밌는 사람 찾을래?"라며 철없는 딸아이를 보듯 나를 혼냈지만, 상대방에게 흥미가 생겨야 마주 앉아 몇 마디라도 들어보고 싶을 거 아닌가.

"소개 한 번 시켜줄까? 근데 조카가 모태 솔로야."

거기서 나는 전의를 상실했다. 모태 솔로라니. 아니야, 이건 아니야! 나는 억지로 밝게 웃으며 말했다.

"한 번 생각 해볼게요."

"진짜 가볍게. 그냥 커피 한잔한다고 생각하면 돼. 전혀 부담가질 필요도 없고. 아가씨, 혹시 외모 많이 봐? 잘 생기진 않았는데 착해. 병원에서 환자들 도와주는 직업이던데. 아, 피부과를 좀 다녀야 하긴 해. 피부가 더러워 가지고 원..."

그 사람을 만나기도 전에, 나는 이미 그의 인생 정보를 다 알아버렸다. 공무원이고, 아버지는 화가이며, 엄마는 유치원을 운영하고, 며느리에게 그 유치원을 물려주고 싶어 한다는 이야기까지. 동네 미용실에서 소개를 받으면 물어보지 않은 정보와 단점까지 까발려져 오히려 솔직하긴 하다.

언니가 나중에 이 이야기를 듣고는 말했다.

"내 남편도 모태 솔로였는데 뭐. 생각보다 괜찮은 남자일 수도 있어. 게다가 착하다며?"

모솔이었던 형부가 결혼하고 보니 최고의 신랑감인 걸 알고 있는 나였지만, 찝찝한 기분은 쉽게 가시지 않았다.

"저번에 고깃집 직원이던 남자 기억나?"

"용용체 쓰던 남자?"

그 이야기를 꺼내니 언니가 깔깔 웃었다.

"그 사람도 착하긴 했어. 그러니까 착한 걸로 남자를 선택하는 건 바보나 하는 짓이야." 내가 볼멘소리를 했다.

"그 사람은 서른일곱 치곤 너무 애 같았어. 그래도 너무 편견은 가지지 말고 다녀와. 이번엔 진짜 괜찮은 사람일 수도 있잖아?"

"잘 안되면 이제 그 미용실 못 가겠지? 이제 어디서 삼만 오천 원에 히피 펌을 해."

잘 가던 미용실이 이사를 가면서 한동안 이 미용실 저 미용실을 떠돌던 나는 몇 년 만에 정착한 이 미용실을 이렇게 잃을 순 없었다. 다른 미용실에 가서 머리를 다듬을 때면 어떻게 이렇게 파마가 탱글하게 유지되냐며 미용사가 놀랄 정도였으니까. 이렇게 싸고, 잘하는 미용실을 잃기에는 리스크가 너무 크기에 일단 그 만남을 보류했다.

웨딩플래너를 자처하다

나는 블레싱이 이렇게 허름하게 끝날 줄 상상하지 못했다. 드레스를 입고, 성스러운 종교 시설에서 때깔 나는 장식과 함께 사진 한 장 정도는 찍을 줄 알았는데 나만의 착각이었나 보다.

"나도 그런 줄 알았는데?"

아미르의 말에 우린 결국 소통이 안 됐던 걸로 결론을 냈다. 일단 로아에게는 가족에게 증명할 예쁜 사진이 필요했는데 동생은 "우리 아파트에 나무 많으니까 계단 같은 곳에서 찍어도 돼."라며 철없는 소리를 해댔지만, 세상에 어떤 여자가 그런 사진을 바랄까.

결혼에 관한 소통을 동생을 통해서만 하면 오류가 생겨서 내가 직접 로아에게 어떤 사진을 원하냐고 물었다. 혹시나 했더니 역시나 로아는 동생과는 영 딴판인 소리를 했다.

"숲 같은 자연 속 아니면 정원에서 드레스 휘날리면서 찍고 싶어."

로아가 보여준 사진 속 풍경은 고풍스러운 유럽 정원과 우리나라에 과연 이런 곳이 있을까 싶은 숲이 우거진 굉장히 아름다운 곳이었다. 외국인들이 화려하게 찍은 웨딩 사진을 보여주며 똘망똘망한 눈으로 나를 봤다. 나는 그 순진무구한 얼굴을 애서 외면하고 동생을 보며 말했다.

"너희 둘 대화를 하긴 하는 거지? 상의했다면서 어떻게 이렇게 다른 말이 나와?"

그러자 동생이 억울하다는 듯 말했다.

"로아 말이 계속 바뀌는 거야. 아까는 계단에서 찍는 것도 좋다고 했다니까."

"그 말을 그대로 믿냐?"

"내가 그 속뜻까지 어떻게 아냐고!"

우리 아파트에 나무가 많긴 하지만 아파트 단지 안에서 사진을 찍을 수 있는 장소를 떠올리려 노력한 내 자신도 싫어질 판이었다. 더군다나 스마트폰으로 그냥 찍는다고? 내가 로아라면 과연 그 사진을 부모님에게 자랑스럽게 보낼 수 있을까? 아니, 절대 안 된다.

이때부터였다. 내가 웨딩플래너를 자처하게 된 게. 역시 자기 팔자는 자기가 꼰다고 아무도 나에게 시키지도 않았는데 그 둘이 대책 없이 투닥거리고 있는 모습을 보자니 속에 화딱지가 나서 도저히 안 되겠는 거다.

나는 연락처를 쭉 보다가 웨딩과 돌사진 촬영을 하는 지인을 한 명 찾아 그에게 전화를 걸어 상황을 설명했다.

"급한 일인데, 웨딩 촬영처럼 각 잡고 찍는 건 아니고 스냅처럼 가볍게 찍으려고 하는데 혹시 모레 시간 돼?"

"누가 결혼해?"

"아니, 결혼식은 아직 아니고, 외국에서 온 내 동생 여자 친구. 가족한테 사진을 보내야 하나 봐."

그는 내 이야기를 듣더니 너무 재밌겠다며 비용은 따로 받지 않겠다고 했다. 그 대신 자신이 내 도움이 필요할 때 도와달라고 하는 말을 듣고는 속으로 '어라? 이 녀석 똑똑한데?'라고 생각했다.

"돈으로 해결하는 게 제일 쉬운 거 알지?" 그는 너털웃음을 하며 말했다.

"고마워. 너밖에 없다."

"꽃은 따로 준비해 와야 해. 스튜디오는 내가 몇 군데 보여줄 테니까 골라주면 예약할게."

"오케이. 야외에서 찍고 싶다는데 그건 힘들겠지?"

"응. 시간이 너무 촉박해서 찾을 수 있으려나. 아! 그날 비 온다는데?"

불행인지 다행인지 야외를 찾으려는 노력을 안 해도 되게끔 일이 흘러갔고, 나는 재빨리 친구의 웨딩 촬영 당일, 영상을 촬영해 주러 갔던 날을 떠올렸다.

'아, 케익! 케익이 있었지. we are married! 라는 문구가 적힌.'

사진이 다양하게 나오려면 케익이 필요하다는 생각에 나는 서둘러 레터링 케익 가게를 찾았지만, 이번 주는 이미 주문이 다 마감되었다는 답변만 돌아왔다.

그렇게 하루 내내 케익 가게에 연락해 물어보고 안된다는 답변을 받기를 반복하며 지친 그때, 내 눈에 '당일 레터링 케익 가게'가 눈에 들어왔다. '친구의 생일 혹은 특별한 날을 위해 미리 준비하지 못한 사람들을 위한 케이크를 만듭니다.'라는 문구에 아이디어 좋은데? 똑똑한 사장이구먼. 나도 나중에 이렇게 사람들이 불편한 점을 잘 캐치해서 사업을 만들어 가야겠어, 하는 생각이 먼저 드는 걸 보면 케익이며 꽃이며 준비하는 것보다 내 일하면서 좋은 아이디어를 떠올릴 때 더 에너지가 넘치는 여자인가보다, 싶었다.

이렇게 준비하느라 바쁜 나를 두고, 둘은 소파에 앉아서 뭐가 그렇게 재밌는지 휴대폰을 서로 훔쳐보며 낄낄대고 있었다. 며칠 뒤 저 휴대폰이 얼마나 큰 화를 불러올지도 모른 채 말이다.

촬영 당일 아침, 혼자 치장할 수 있다는 로아를 집에 놔두고 나는 케익과 꽃을 찾으러 아침부터 얼마 없는 눈썹까지 휘날리며 열심히 뛰어다니고 있을 무렵, 동생은 그제야 3년 전에 사 놓은 정장이 맞는지 입어보기 시작했다. 이미 그 사실 하나로도 속이 뒤집어지는데 거기에다 불을 질렀다.

"정장 안 맞으면 며칠 미룰 수 있어?"

그 말에 꼭지가 돌아버릴 뻔했지만, 그 마음을 반의 반의 반으로 접고 다시 발로 꾸욱 눌렀다. 그리고 스튜디오로 출발하기 30분 전, 뜻하지 않은 사태가 일어났다. 혼자 할 수 있다고 자부했던 로아의 머리가 엉망이었다. 이미 스프레이를 한가득 뿌려놓은 상태라 머리카락은 딱딱하게 붙어 있었고, 내가 손쓸 수도 없는 지경이었다. 로아가 보여준 사진 속 머리 모양을 보고 5분을 나 혼자 낑낑대며 머리카락을 이리저리 묶고 풀며 온갖 뻘짓을 다 해보다가 금방 포기하고 로아를 일으켰다.

"가자, 미용실로."

나는 그 짧은 순간에 앞으로 나에게 일어날 일을 받아들이기로 했다. 그 미용실에 발을 들이는 순간, 조카와의 소개팅에 나가야 한다는 것을. 미용실 사장님은 로아의 머리를 보더니 10분 안에 어떻게든 해결해 주겠다고 했고, 우리는 심플하게 반묶음으로 타협을 봤다. 사장님은 스프레이로 엉킨 머리를 어떻게든 빗어서 실핀으로 고정시켰다. 그리고 머리가 거의 완성되어 갈 때쯤, 드디어 그 이야기가 나왔다.

"아가씨, 우리 조카랑 소개팅 생각해 봤어요?"

그 순간 나는, '그래, 운명아, 나에게 와라!'라며 속으로 소리치고 입꼬리를 좌악 올리며 고개를 끄덕였다.

"네. 차 한 잔 가볍게 마셔보죠, 뭐. 하하."

그러자 미용실 사장님은 돈은 안 받겠다며 대신 내 휴대폰 번호를 받았다. 이상하게도 이번 일은 돈 대신 나의 다른 걸 계속 주게 된다.

　그리고 나는 어떻게든 스튜디오에 둘을 데려다 놓았다. 로아는 며칠 전 우리에게 보여준 분홍색의 비즈가 달린 드레스로 갈아입고 나왔다. 그리고 야무지게 보따리에 챙겨온 거울과 서약서까지 책상 앞에 올렸다. 그 뒤의 일은 사회성 웃음이 장착된 나의 지인인 듬직한 포토그래퍼와 바통을 터치했다. 어색한 둘이 최대한 웃을 수 있도록 엄청난 유머와 몸 개그로 분위기를 하하호호로 만들었다. 처음 그가 일하는 모습을 보는데 역시 전문가는 달라, 생각하며 풀린 눈으로 그들을 바라봤다.

　"확실히 외국인이라 이목구비가 뚜렷해서 그런지 엄청 예쁘게 나와."

　언제 어디서 연습했는지 로아는 포즈와 표정을 기깔나게 잡았고, 포토그래퍼는 연신 감탄을 하며 내게 사진을 보여줬다. 이미 진이 빠질 대로 빠진 나는 입을 오므려 '오' 하는 표정만으로 리액션을 하며 옆에 놓인 거울 속 내 얼굴을 바라봤다. 산발 머리에 화장기 하나 없고, 입술 색이 사라져 생기라고는 눈 씻고 봐도 찾을 수 없었다.

오늘 하루 이렇게 눈썹 휘날리게 뛰어다니고 신경 쓴 모든 것들이 나를 위해서가 아니라 다른 사람을 위했다는 사실에 내가 더 이상 찬란한 내 인생의 주인공이 아닌, 한발 물러선 사람 같은 기분이 들었다. '안 돼, 이렇게 뒷방 늙은이가 될 순 없어!'라며 나는 강인한 의지를 담아 머리를 크게 가로저었다.

2시간 동안의 촬영 끝에, 우리는 의자에 앉아 늦은 점심으로 샌드위치를 먹었다. 로아가 옷을 갈아입는 동안 포토그래퍼가 나에게 말했다.

"너는 결혼 안 해?"

"씁. 너라니. 누나보고."

"에이, 뭐 얼마 차이 난다고."

"없어. 근데 난 오늘 로아보고 결심했어. 서른다섯 살까지 결혼할 사람 없으면 피렌체로 갈 거야. 거기서 나 혼자 드레스 입고 사진 찍는 거지. 킴 카다시안이나 켄달 제너가 갈대밭에서 뛰면서 찍은 화보 혹시 봤어? 드레스 색깔도 화려하게! 포즈도 내 맘대로! 그날은 오직 나를 위한 날이니까. 다 죽었어!"

"그래. 좀 꾸며. 오늘 산발이긴 하다."

나는 그를 강하게 째려보며 말했다.

"자기도 여자 친구 없으면서."

풍성한 속눈썹에 숨겨진 비밀

블레싱 사진 촬영이 끝난 뒤 집으로 온 우리는 바로 편한 옷으로 갈아입고 소파에 널부러졌다. 무지 티셔츠에 츄리닝 반바지를 입은 나와는 다르게 로아는 분홍색의 피카츄 패턴이 그려진 잠옷 세트를 입고 식탁에 앉았다. 그새 씻었는지 길고 새까만 머리카락은 가지런히 똥머리로 말려 있었고, 그 머리가 오히려 그녀의 또렷한 이목구비를 더 돋보이게 했다.

로아는 자신이 엄마가 몇 번의 유산 끝에 겨우 얻은 귀한 외동딸이라고 했다. 그 말을 듣고 나서야 알았다. 그녀의 밝음은 단순한 성격이 아니라, 누군가의 간절한 염원과 사랑 아래 자라난 결과라는 걸. 그런 딸이 얼굴 한 번 본 적 없는 남자와 결혼하러 한국에 간다고 하자, 엄마는 며칠 밤을 울고 공항에서도 펑펑 눈물을 쏟아냈다고 했다. 이렇게 예쁜 딸을 낯선 나라로 보내야 하다니, 얼마나 마음이 아팠을까. 하지만 냉정하게 생각해 보면, 이 모든 것은 로아의 선택이다. 딸을 보호하고픈 부모의 마음과는 상관없이 인간은 자라면서 자신만의 생각이 생기고, 안전지대를 벗어나 자꾸만 새로운 세상을 찾아 나선다. 부모는 속이 좀 썩겠지만, 그래야 세상이 발전하고, 사람은 진정한 자신의 모습을 찾을 수 있다.

로아가 한국에 오고 며칠 뒤, 동생은 우리에게 로아의 엄마에게서 문자를 하나 받았다고 했다. 너무 아끼는 사랑스러운 딸이니 잘 대해달라고 말이다. 로아는 부모님이 친척끼리 간 단체 여행 사진을 보여주며 말했다.

"내가 집에 없다는 사실을 잊으려고 요즘에 자주 여행간대. 오늘 아침에도 엄마랑 통화했어."

그렇게 설명하는 로아의 얼굴을 보는데, 큰 눈 위로 드리운 속눈썹과 그 눈을 감싸는 지붕 같은 짙은 눈썹까지, 정말 인형이 앉아 있는 것 같았다.

"로아 눈썹 볼 때마다 신기해. 나는 매일 눈썹 그리는데... 어떤 날은 짝짝이야. 속눈썹도 짧아서 속눈썹 안 붙이면 눈이 납작해 보여. 네가 너무 부러워."

그러자 로아는 고개를 절레절레 흔들며 반박했다.

"나는 씨스가 더 부러운데? 눈썹이 많다는 건 다른 곳에도 털이 많다는 뜻이야. 눈썹은 정리 안 하면 거의 쌍구여서 매일 다듬어야 하고, 얼굴에 전체적으로 나는 털도 매주 정리해야 해. 다리랑 팔 털은 말할 것도 없고. 씨스는 눈썹 하나만 그리면 끝나잖아."

지금껏 한 번도 그런 생각을 해본 적이 없었다. 그저 지금 내 모습 위에 눈썹만 진하고 속눈썹만 길게 얹힌 상태만 상상했다. 나는 내 편한 기준으로만 '예쁜 얼굴'을 꿈꿨던 것이다. 로아의 말을 듣고 나니 내 삶이 훨씬 편하게 느껴졌다. 이렇게 내 생각을 반대로 뒤집어서 보여주는 로아에게 가끔 놀라곤 한다.

어떻게 보면 나는 매일 눈썹을 그리며 무에서 유를 창조해내고, 로아는 매일 털을 정리하며 유에서 더 예쁜 유를 만들어낸다. 방향은 달라도, 결국 서로의 인형 같은 얼굴을 유지

하기 위해 각자 고생하고 있었다. 우리는 언제나 완성된 결과만 보고 상대의 편리함만 부러워하지만, 결국 고생은 다 비슷하다. 그래도 저 인형 같은 속눈썹은 부럽기 그지없지만.

며칠 뒤, 동생이 갑자기 내게 말했다.

"로아가 쿠르디스탄에서 열린 성대한 결혼식 영상 보면서 울고 있더라고."

며칠씩 파티를 하는 그곳과 달리, 한국에서는 그런 결혼식을 할 수도 없고 유럽풍 정원을 가진 예식장을 구하기도 힘들다. 본국으로 가도 현실적인 이유로 자신이 원하는 방식의 결혼식을 올릴 수 없다는 걸 알고 서러웠던 모양이었다. 아무리 세상 부러울 것 없이 사랑 속에서 태어나도 사람은 완전하지 않다. 살면서 결핍이 생기고, 또 다른 누군가를 부러워하면서 살아가나 보다. 내가 어떡하냐는 표정을 짓자마자 동생이 덧붙였다.

"그런데 하루만 행복하고 그 이후는 행복하지 않대."

"로아가 지금 안 행복하대?"

"아니, 그 나라에서는 여자들이 결혼식 날 하루만 행복하고 그다음부터는 불행하대. 남자들이 너무 권위적이고 무뚝

뚝해서. 그래서 괜찮다며 눈물을 닦더라."

그 말을 듣고 나는 피식 웃음이 났다. 로아는 자신도 모르게 드는 자기 연민에서 어쩜 그렇게 재빨리 벗어나 지금의 장점을 바라볼 수 있는 걸까.

그 이야기를 듣고, 나도 마음을 고쳐먹었다. 마음에 드는 남자 없다고 불평하지 말고, 지금 내가 가진 자유를 소중하게 여기는 게 낫다고. 속눈썹 없다고 불평하지 말고, 열심히 번 돈으로 즐거운 마음으로 매달 속눈썹 연장하러 가면 그만이다.

그게 진짜 내 행복이다. 누군가를 기다리느라 지금을 놓치지 않고, 없는 것에 연연하지 않고, 있는 것으로 나를 가꾸고 채워가는 것. 불만 대신 감사를, 결핍 대신 충만을 선택하는 것. 그렇게 살다 보면 어느새 내 인생이 훨씬 더 단단해지고 풍요로워질 거라는 걸, 나는 이제 안다.

변하지 않는 사람과는 못 살아

초등학생 때, 학우 관계보다 힘들었던 건 아침 등교였다. 나는 두 살 터울인 남동생과 항상 같이 등교했는데 그 당시 동생은 잠꾸러기에다가 배춧잎 위의 달팽이만큼 느렸고, 여름날의 모기처럼 부산스러웠다. 평소의 나라면 이미 학교에 도착했을 시간에, 동생은 현관 앞에서 신발끈을 천천히 매면서 그 작은 머리로 오늘 어떻게 하면 더 놀 시간을 확보할 수 있을지 꾀를 냈으니 말이다. 그래도 그 어린 동생을 두고 갈 수가 없어 동생을 재촉하며 현관에서 발만 동동거리다가 뛰어서 겨우 지각을 면하곤 했다.

그런데 한 날, 유독 동생이 늦잠 잔 날이 있었다. 차마 혼자 가기 마음이 쓰였던 나는 동생을 기다리다가 결국 지각해 버렸다. 학교에 다 와 가자 심장이 두근두근 댔다. 그래도 학교 정문은 통과할 수 있을 줄 알았는데, 가는 날이 장날이라더니 하필 그날은 교장 선생님이 정문을 지키고 있었다. 교장 선생님은 인자한 미소를 지으며 불호령을 내렸다.

"늦은 학생들 운동장 세 바퀴 뛰고 들어가세요!"

모범생으로 선생님께 한 번도 혼난 적 없던 나는 당황스러움에 식은땀을 흘렸고, 운동장을 도는 내내 수치스러움에 고개를 들지 못했다. 그런데 동생은 아침에 책 안 읽고 운동장 뛰는 게 좋았던지 신나서 혼자 전력 질주를 했다. 화가 난 나는 다음 날, 제발 일찍 일어나라고 동생에게 당부했지만, 여전히 늦게 준비하는 동생을 두고 먼저 학교로 가버렸다.

세월이 흘러 성인이 된 지금, 상황은 그렇게 달라지지 않았다. 같이 어디를 가야 할 때면 동생은 여전히 가족 중 준비가 제일 늦다. 이래서 '세 살 버릇 여든까지 간다'라는 속담이 여전히 통하나 보다. 그런데 동생보다 더 강적이 나타났다.

로아가 집에 온 뒤, 우리의 일상은 사소하게 변했다. 작은 일에도 '시간을 정하는' 버릇이 생긴 것이다. 예전엔 "마트 가자" 하면 바로 외투를 걸치고 나갔는데, 이제는 여러 단계를 거쳐야 한다.

"우리 1시에 마트 갈 거야. 그때까지 준비할 수 있겠어?"

마트를 가는데 무슨 준비가 필요하냐 싶겠지만, 로아는 집 앞 산책조차도 머리부터 발끝까지 풀세팅을 한다. 어떻게 저렇게 피곤하게 살 수 있을까 싶지만 나도 22살 때 편의점에 가는데도 화장하고, 옷까지 신경 써서 입고 나갔으니 이해해야겠지. 20대의 에너지를 30대가 주저앉히는 건 죄니까.

로아는 엉덩이까지 내려오는 구불구불한 긴 머리를 말리는 데만 40분이 걸렸고, 아무것도 안 해도 이목구비가 뚜렷한 얼굴을 화장하는데 1시간, 옷 고르는 시간 그리고 마지막에 뿌리는 향수까지 합치면 족히 2시간은 필요했다. 이제 30대가 된 나는 귀찮은 과정들을 다 생략하고, 썬크림에 립스틱을 바르고 빈약하게 듬성듬성 나 있는 눈썹에 아이브로우로 찍찍 그어 몇 군데만 채워주면 끝. 옷까지 걸치는데 이 모든 게 10분이면 충분하다. 그리고 다음 할 일은 이미 1시를 훌쩍 넘은 시간까지 준비하는 로아를 기다리기 위해 소파에 풀썩 주저앉아 있기. 엄마와 나, 동생은 소파에 앉아서 저놈의 준비가 언제쯤이면 끝날까, 생각하며 TV를 멍하게 본다. 끝나지 않는 준비에 동생이 한숨을 푹 쉬며 말했다.

"엄마랑 네가 이런 기분이었구나."

역시, 거울 치료가 가장 효과가 좋다.

그렇게 TV를 30분쯤 보고 있을 무렵, 스프레이 소리가 차르르 나고, 칙칙 향수로 마무리하는 소리가 들릴 때쯤, 드디어 이 기다림이 끝나는구나, 생각하며 소파에서 다 같이 일어났다. 인내심이 거의 바닥나 눈살이 찌푸려지려는 순간, 로아가 해맑은 얼굴로 거실로 뛰어나오며 "쏘오리 가이즈~" 하는 바람에 나는 미간의 힘을 풀고, 입을 꾹 다문 채 입꼬리만 쫙 올리며 "잇츠 오케이" 하며 웃어줬다. 저런 표정으로 사과하는데 대체 어떻게 화를 낼 수 있겠는가. 오늘은 동생이 반성했다는 것에 만족하기로 했다.

로아의 향수가 진하게 퍼진 차 안에서 나는 그 나라 여자들은 모두 다 그렇게 꾸미는 데 진심인 건지 문득 궁금해졌다.

"로아, 꾸미는 데 안 피곤해?"

가볍게 던진 질문에 돌아온 답변은 꽤 충격적이었다.

"우리는 어딜 가든 무조건 잘 꾸며야 해야 해. 대학교 다닐 때도 여자들끼리 거의 경쟁이었어. 매일 원피스 입고, 구두

신고 예쁘게 치장해서 갔거든. 결혼식장에서도 신부보다 예쁘게 보이려고 해.”

예상치 못한 재미있는 정보에 도파민이 다시 내 뇌를 싹 적셨다.

“우리는 신부를 돋보이게 하려고 흰색은 암묵적으로 피하는데. 거긴 알아서 살아남아야 하는구나.”

로아는 눈을 동그랗게 뜨며 그렇게 상대를 배려해 주냐며 다른 문화에 신기해했다. 이렇게 서로 대화하고 있는데 나는 문득 이상함을 느꼈다. 왜 준비가 늦은 로아에게 더 이상 짜증이 나지 않을까? 성격 급한 내가 로아에게 느낌 감정이 신기했다. 외국인이라 우리와 문화가 다르다는 걸 인정해서 화가 안 난 걸까. 한국인 중 누군가가 그랬다면 분명 시간 약속을 지키지 못한다며, 빨리 준비하지 못하는 상대를 타박했을 것 같은데 말이다. 나는 예전과 달리 왜 그녀를 그냥 인정해준 걸까. 같은 여자라서? 외국인이라서? 이 질문에 대한 답은 바로 떠오르지 않았고, 일상의 아주 뜻밖의 순간에 찾아왔다.

새집에 놓을 가구와 침대를 보러 가는 날, 로아는 그날도 느지막이 일어나 물었다.

"씨스, 우리 몇 시에 나가야 해?"

"한 시간 뒤에. 준비할 수 있겠어?"

그 말을 하면서도 나는 두 시간을 예상했다. 그런데 로아의 대답은 예상 밖이었다.

"그럼 머리는 갔다 와서 감지 뭐."

"정말?"

"나도 씨스처럼 빨리 준비해 보고 싶어. 항상 부러웠어."

이 말을 하면서 방금 핀 꽃처럼 싱긋 웃는 로아를 보며 나는 무해함을 느꼈다. 그리고 그때 알았다. 내가 로아를 받아들일 수 있었던 이유를. 그녀는 '그대로의 자신을 고집하는 사람'이 아니라, '변하려는 사람'이었기 때문이다. 그게 전부였다. 나는 본능적으로 그걸 느끼고 있었던 거다.

나는 스스로를 까탈스럽고, 이해심 없는 사람이라 생각해 왔다. 상식적으로 이해 안 가는 행동을 할 때도, '그것도 이해 못 해주냐'는 예전 남자 친구들의 말에 나는 어쩌면 내가 쪼잔하고, 이해심이 부족한 사람이라고 동조했는지도 모른다.

그런데 있는 그대로 사랑한다는 게 도대체 무슨 뜻인가? 누군가의 행동이 나를 괴롭게 한다면, 그건 바꿔어야 한다. 그 행동을 고집하는 사람도, 그걸 참는 나도 서로를 사랑하지 않는 것이니까. 로아와 함께 살아보니 알겠다. 사랑은 누군가를 참아주는 일이 아니라 서로가 조금씩 변하려는 노력 위에 유지된다는 걸.

그걸 깨닫는 순간, 가지고 있던 나의 원래 생각이 바뀌는 게 아니라 더 단단해졌다. 변하지 않으려는 사람과는, 나는 이제 절대 연애도, 결혼도 하지 않겠다고. 그리고 또 하나, 나 역시 세상을 부정적으로 보는 시니컬한 마음을 버리고, 변해야 남을 제대로 볼 수 있다는 걸.

로아, 너 나를 변하게 하려고 우리 가족에게 온 거니? 내 동생이랑 같이 살 그릇이 아닌데 말이야.

소개팅 하나, 주름 하나

로아가 오고 나서 정신없는 와중에도 나는 내 일을 잊지 않고 해나갔다. 도서전 준비는 차근차근 진행됐고, 담당 센터와 협약을 체결할 날이 드디어 왔다. 그날 아침, 엄마와 동생은 모두 볼 일이 있어 외출했고, 나는 로아와 단둘이 식탁에 마주 앉아 푸르댕댕한 여름 사과를 함께 나눠 먹으며 말했다.

"로아, 오늘 나 일 때문에 외출해야 하는데 같이 갈래?"

나 혼자 잠깐 다녀오면 되긴 했지만, 로아를 혼자 집에 두고 가기가 미안했다. 그런데 로아의 대답에 나는 또 눈알을 굴릴 수 밖에 없었다.

"준호한테 한번 물어볼게."

"아이, 뭘 물어봐! 그냥 가!"

무언가를 혼자 결정하려 하지 않는 로아를 보면 이래서 결혼을 할 수 있는가 보다, 싶다가도 조금 더 주체적인 삶을 살면 행복할 텐데 하는 두 가지 생각이 공존한다. 그래도 남자 친구가 세상의 전부인 로아가 지금은 나보다 더 행복할지도 모르겠다.

보조석에 탄 로아는 내가 운전대를 잡자마자 사촌에게 보낼 거라며 휴대폰 카메라를 들고 포즈를 취했다. 연신 사진을 찍어대더니 이내 울상을 지었다. 뭔가 단단히 마음에 안드는 모양이었다. 로아는 잘 보이지도 않는 눈 밑 주름을 가리키며 말했다.

"나 며칠 사이에 늙은 것 같아. 여기 주름 보여?"

내 눈엔 어제나 오늘이나 똑같아 보이는데 말이다. 나는 어디를 말하는지도 잘 모르겠지만 스스로만 느껴지는 무언가가 있겠지 싶어 어깨를 으쓱하며 말했다.

"원래 남자 친구 있으면 늙어. 속상하고 짜증 나는 일이 많거든. 나 봐. 팽팽하잖아. 근데 이랬다가도 남자 친구만 생기면 점점 못생겨지는 거 있지."

　로아는 내 말에 동의한다며 격하게 고개를 끄덕였다. 머리숱이 빽빽한 93세의 이길여 여사가 말한 비현실적인 동안의 비결은 '비혼'이라고 말하기도 했으니까. 로아는 오늘의 완벽한 셀카는 포기했는지 휴대폰을 내려놓고는 무언가 문득 생각난 듯 손뼉을 치며 말했다.

　"나, 친척들은 언제쯤 볼 수 있어?"

　내가 그들을 언제 봤었나 한참을 생각하다가 말했다.

　"우리는 친척들 거의 안 봐. 명절 때만 모이거든."

　"그럼 친척 집에 놀러 가면 안 돼?"

　그 말에 나는 격렬하게 고개를 저었다.

　"집에 놀러 가는 거? 절대 노노. 추석, 설 때 보면 끝. 그마저도 제사 안 지내면 볼 일 거의 없을걸? 그리고 다들 바빠서 약속 잡기도 힘들어."

　"그래? 우리는 매주 금요일마다 다 같이 모여서 먹고 노는데. 그렇게 모이면 50명쯤 돼. 친척 중 한 명의 집은 거의 400평이야."

　집 평수보다 놀라운 건 매주 50명이 모인다는 점이었다. 나로서는 상상도 못 할 일이다. 로아 말로는 쿠르디스탄에서는 사람들의 노동시간이 길지 않아 가능한 일이라고 했다. 오후 4시가 되면 일정이 끝나는 쿠르디스탄과 달리 퇴근이 7,8시인 일에 찌들어 사는 사람이 많은 한국에서는 절대 불가능할 일이다. 그래서인지 로아는 친척들과 친했다. 매일 연락을 주고받느라 휴대폰에 불이 났고, 로아가 경험하는 모든 순간의 사진을 공유하며 이에 대한 이야기를 나눴다.

"그럼, 사람들이 먹을 음식은 누가 해?"

"각 식구 중에 여자들이 해 와."

그 말을 듣고 우리 집 명절 풍경이 떠올랐다. 요즘은 예전보다 덜하다고는 하지만, 제사상을 차리느라 여자들만 부엌에서 분주한 모습은 한국의 지방이나 멀리 떨어진 쿠르디스탄이나 별반 다르지 않았다.

"그럼 추석이 곧 다가오니까 친척들 다 모이겠네? 나는 어떤 옷 입고 가면 돼?"

로아는 추석이 퍽 기대되는가 보다. 친척들과 유대가 깊지 않은 나는 많은 사람이 모이는 걸 그리 좋아하지 않지만, 새로 남자 친구를 사귈 때 그 사람의 가족과 일원이 되고 싶었던 마음을 떠올리니 이해가 되기도 했다.

"대부분 결혼한 며느리들은 얌전하게 보이려고 검정색 원피스나 무채색 옷 입고 오더라고. 아니면 그냥 눈에 띄고 싶지 않은 걸지도."

아직 며느리의 위치에 있지 않은 나는 왜 그렇게 칙칙한 옷을 입는지 이해하지 못해 어깨를 으쓱하며 말했다.

"그럼 나도 무채색 원피스 하나 살까? 난 다 화려한 색뿐인데."

그 말에 나는 전보다 더 격렬하게 고개를 저었다.

"아니. 나는 네가 그런 칙칙한 원피스 안 입었으면 좋겠어. 있는 그대로의 네 모습 보여줘도 돼. 외국인이니까 다들 이해할 거야. 주황색 원피스 입어버려! 나는 하늘색 원피스 입을게."

로아는 깔깔 웃으며 진짜 그래도 되냐고 물었다. 그렇게 이야기하다 보니 어느새 협약 장소에 도착했고, 로아는 나를 졸졸 따라와서 빈 의자에 앉았다. 담당자는 웬 외국인 한 명이 앉아 있는지 궁금해하는 눈치였지만 별다른 말을 하지 않고, 이벤트 이야기로 넘어갔다.

"작가님이 기획하신 '표지 따라 하기'는 공간이 부족해서 아마 진행이 어려울 것 같아요. 저희도 이제야 부스 크기와

시안을 받았는데 사용할 수 있는 공간이 개인당 2m 안쪽일 것 같아요. 다른 이벤트를 구상하시는 게 어떨까요?"

필름 카메라, 인화지, 벽 장식까지 다 구상해 둔 나는 허탈함에 기운이 쭉 빠졌다. 이에 필적할 만한 아이디어를 또 언제 떠올리나 싶기도 했고, 이번 도서전에 기대가 너무 컸기에 내 생각을 구현하지 못한다는 사실이 실망스러웠다. 계약서를 작성하고 나온 내 쓸쓸한 표정을 보고 로아가 말했다.

"이번이 처음이니까 연습이라고 생각해. 다음에 더 큰 기회가 오면 잘하면 되지."

"스물다섯 살 맞아? 이럴 때 보면 철 들었다니깐."

내 말에 로아는 다시 철부지 막내 아가씨로 돌아온 듯 웃으며 애교 눈빛을 발사했다. 나도 로아를 따라 눈을 찡긋하며 웃어 보였다. 그때, 문자 한 통이 왔다.

'안녕하세요. 이모님 소개로 연락드립니다. 저는 OO병원에서 사회복지사로 근무하고 있습니다.'

자신의 직업과 인사말을 꾹꾹 눌러 담은 미용실 사장님의 조카였다. 드디어 올 것이 왔다. 예의 바른 그의 모습에 마음을 열어보자, 다짐하며 나도 그에게 정성스럽게 나의 직업과 이름을 보냈다. 그런 노력이 무색하게 다음에 온 답장은 내 마음을 짜게 식게 만들었다.

'다음 주 중에 시간이 언제가 편하신가요? 장소도 정해주시면 감사하겠습니다.'

이 문자가 이상하게 느껴져 한참이고 쳐다봤다. 뭐랄까. 딱히 무례한 부분은 크게 없는데 이건 뭔가 아닌 것 같은 느낌이었다. 굉장히 합리적인 것 같으면서도 나보고 모든 걸 다 정하라는 느낌이 들어 미간이 살짝 찌부러졌다. 이 사람 소개팅 한 번 진짜 편하게 하네? 어디 사는지 몇 번의 이야기 끝에 정하는 게 예의 아닌가? 아차차. 모태 솔로였지. 아니, 모태 솔로라서 그런 거 맞아?

나는 프로필 사진을 눌렀다. 자신의 얼굴을 지브리풍으로 바꿔 놓은 이미지를 보는 순간, 얼굴이 어떻게 생겼는지는 당최 알 수 없지만, 그가 어떤 사람일지 대강 감이 왔다. 이미 세월을 살며 쌓인 사람에 대한 데이터는, 상대에 대한 편견을 만들어 더 이상 앞으로 나아가기 어렵게 만든다. 그래서일까? 아직 만나지도 않았는데 이미 그의 성격과 외모, 말투까지 모든 게 예상되고, 더는 궁금하지 않았다. 그런데 로아는 그 문자를 보더니 나와는 전혀 다른 의견을 내놓았다.

"씨스가 마음대로 정하면 되겠네! 쿠르디스탄에서는 보통 첫 만남에 장소나 먹고 싶은 음식에 대한 선택권을 여자에게 주거든. 아마 씨스를 배려하는 거 아닐까?"

나의 정서와는 달라 뭔가 찜찜했지만 좋게 생각하면 그럴 수도 있겠다 싶어 답장을 보냈다.

'다음 주 2시에 뵈요. 카페는 제가 찾아보고 연락드릴게요.'

그리고 휴대폰을 덮었다. 내일부터 동생의 새집을 구하러 다녀야 하는데 카페도 내가 찾아야 한다는 생각에 일이 하나 더 늘어난 기분이었다.

나중에 동생이 내 얘기를 듣더니 한쪽 입꼬리를 삐죽 내리며 말했다.

"로아 말도 맞지만, 한국 정서상 이상하다고 느꼈으면 네 생각이 맞는 거야. 나도 첫 만남에는 내가 장소 찾아보는데."

천하의 답답이인 내 동생도 이렇게 하는데, 이 남자는 도대체 뭔가 싶어서 다시 기운이 쭉 빠졌다. 소개팅 하나에도 이렇게 이마에 주름이 지는데, 누군가와 진짜 사귀는 상상을 하자 한숨이 절로 나왔다. 아까 로아에게 했던 말이 떠올랐다. 연애하면 늙는다는 그 말이 또 한 번, 증명됐다.

결혼보다 어려운 방 구하기

가족과 함께 45평 아파트에 사는 나는 우리 집이 나름 크다고 자부했다. 나도 20대 초반에 이 집으로 이사 왔을 때 그 크기에 입이 떡 벌어졌으니까. 그런데 로아의 말을 듣고는 바로 꼬리를 내릴 수밖에 없었다.

"쿠르디스탄 집은 대체로 커. 그래서 방도 많고, 방마다 에어컨도 다 있어. 우리 집은 방이 일곱 개였는데, 에어컨도 일곱 개였거든."

그런 곳에 살던 로아의 눈에는 우리 집이 굉장히 작아 보였을 것이다. 어쩌면 코딱지만 하게 느껴졌을지도 모른다. 그 말에 '집 청소는 누가 하지?' 하는 걱정이 먼저 앞섰는데, 모든 청소는 선생님이라는 직업까지 있는 엄마의 몫이라는 로아의 말에, 나는 다시 한번 입을 쩍 벌렸다.

로아가 살던 유복한 환경은 한국에서 집 구하는 일을 더욱 까다롭게 만들었다. 그녀가 만족하려면 최소한 아파트 정도는 되어야 했기 때문이다. 그런데 아파트를 고려하자니 또 걱정이 생겼다. 정식으로 결혼식을 올린 것도 아니고, 2년 뒤엔 둘이 같이 다른 나라로 떠날 수도 있다는데 굳이 전셋집으로 들어가야 할까. 그렇다면 남는 건 빌라였다. 보통 젊은 신혼부부가 시작하는 투룸. 하지만 방 일곱 개, 에어컨 일곱 개에 익숙한 로아가 한국의 투룸을 보고 어떤 표정을 지을지 뻔했다. 서울에서 회사를 다닐 때 집을 구해 본 경험이 있던 나는 벌써 머리가 지끈했다. 일단 원하는 조건부터 명확해야 한다는 생각에 로아에게 물었다.

"로아, 어떤 집에서 살고 싶어?"

"음... 일단 주방이 넓어야 해. 요리를 해야 하니까. 그리고 입구에 들어갔을 때 탁 트인 느낌이면 좋겠어. 마지막으로는 주변 치안이 좋아야 해. 풀숲이나 공원도 있었으면 좋겠어.

나는 자연을 사랑하거든.”

과연 동생이 원하는 역세권, 로아가 원하는 집 구조, 그리고 적정 가격까지 모두 맞는 집이 있을까 싶었지만, 일단 우리는 다 함께 동생의 회사 근처로 향했다. 부동산 중개인과 함께 지하철역 인근의 집들을 둘러봤지만, 예상했던 것처럼 하나같이 난관이었다.

첫 번째 집은 누가 칼로 온전한 집을 반으로 쓱 자른 듯한 구조였다. 부엌 겸 거실이 복도처럼 있고, 한쪽으로 방이 일렬로 늘어선 생전 듣도 보도 못 한 집이었다. 두 번째 집은 문을 열자마자 쿰쿰한 곰팡이 냄새가 밀려왔고, 낡은 벽지가 군데군데 들떠 있었다. 마치 오래전에 할아버지, 할머니가 살다가 세상을 떠난 뒤, 아무도 찾지 않는 집이 되어버린 듯했다. 로아는 그 집을 보고 눈을 반짝이며 말했다.

“와, 빈티지!”

“로아, 이건 빈티지가 아니라 빈집 귀신 나올 분위기야. 우리가 보기에 거의 폐가 수준인데?”

시무룩해진 로아의 표정을 보고도 난 그 집은 정말 아니라며 단호하게 말했다. 누가 나한테 네가 살 집도 아닌데 왜 이렇게 참견이야, 라고 해도 진짜 그 집은 아니었다.

세 번째 집을 보러 가던 길, 로아는 주택의 바깥 풍경만 보고 여전히 순수한 표정으로 말했다.

"빨간 벽돌에 기와 있는 이런 고전풍 너무 예쁘다!"

"로아, 저런 집은 여름엔 찜질방, 겨울엔 냉동창고야."

예전 주택에 살면서 겪은 오만가지 불편함과 힘들었던 어린 시절이 떠올라 나는 저절로 몸이 부르르 떨렸다. 로아의 의견을 살피던 동생도 그 집은 나와 같은 기억으로 싫다며 고개를 흔들었다. 로아는 한국 사람들이 꺼리는 곳들을 유독 예쁘게 봤다. 저런 집이 얼마나 관리하기 힘든지 아직 모르니 설득하기가 더 힘들었다. 다른 한국인이 봤으면 한눈에 고개를 절레절레했을 집들이었다.

자꾸 그런 주택만 보여주는 중개소를 뒤로하고, 우리는 다른 부동산을 찾아 들어갔다. 인터넷 사이트에서 같은 매물을 공유하고 있다 하더라도 중개사마다 연륜과 보유하고 있는 집이 달랐기에 하루 종일 골목 구석구석을 돌아다닌 끝에 드디어 깔끔하고 괜찮은 곳을 찾았다. 곰팡이 냄새도 안 났고, 입구에서 바로 보이는 거실은 탁 트인 느낌을 줬다. 무엇보다도 깨끗했다. 그런데 로아는 거실 끝에 작게 붙어있는 주방을 보더니 말했다.

"여긴 안 돼. 요리를 제대로 할 수 없어."

"주방 때문에 이 괜찮은 집을 포기한다고?"

나는 어리둥절한 채로 로아를 보며 말했다. 그러나 로아의 생각은 확고했다. 코딱지만 한 주방에서 행복하게 요리할 수 없다는 것이었다. 이번엔 우리도 그녀의 의견을 존중하기로 했다.

그러자 부동산 중개인은 한숨을 쉬며 말했다.

"그나마 지하철까지 10분 이내로 걸어갈 수 있는 집은 다 보여드렸어요."

그렇게 모두가 지쳐갈 즈음, 동생이 속삭이며 말했다.

"내가 좀 더 걸어도 괜찮으니까 넓은 집으로 가자. 로아 마음에 드는 곳 해주고 싶어."

순간 둘 사이에 내가 모르는 사랑 같은 게 있구나 싶었다. 안 만나고 지낸 3년이라는 시간이 결코 가벼운 게 아니었구나, 하는 생각에 내가 그들을 너무 철없는 애들로 봤나 싶었다. 하지만 그 감동은 오래가지 않았다.

세 번째 부동산을 찾았을 즈음, 살 만한 2층 주택을 발견했다. 집은 깨끗했고 주방도 넓었다. 로아도, 동생도 만족한 유일한 집이었다. 그래서 우리는 드디어 이 긴 방황을 끝내고 계약하겠다고 했다. 그런데 다음 날 갑자기 주인이 말을 바꿨다.

"세 안 놓을래요."

어제까지만 해도 집 좋다며 계약을 유도하던 사람이, 이유도 없이 말을 바꾼 것이다. 우리는 그런 곳에 뺄 기운이 없어 알겠다고 답했다. 그 뒤에 구한 집은 계약금까지 넣었는데, 다음 날 계약서를 쓰러 가보니 곰팡이가 벽을 타고 성장을 이어가고 있었다.

"이건… 곰팡이가 세입자를 잡아먹겠는데?"

로아는 꺼림칙한 표정을 지었다. 우리도 이런 곳은 아니라는 생각이 들어 끝내 계약서를 쓰지 않았다. 그런데 문제는 계약금이었다. 집주인이 돌려줄 수 없다고 하는 바람에, 우리는 부동산 사무실에서 실랑이를 해야 했다.

"그냥 거기 들어가면 안 될까?" 동생이 지친 듯 로아에게 말했다. 하지만 로아는 이번에도 포기할 수 없다는 듯 아무 대답도 하지 않았다.

집 구하기가 이렇게 어려웠던가. 하나가 마음에 들면 다른 하나가 마음에 걸리고, 모든 게 괜찮다 싶으면 집주인이 거절한다. 집이나 사람이나 모든 게 내 마음에 쏙 드는 건 없다는 걸 알면서도, 자꾸 아쉬운 마음에 더 좋은 조건이 없는지 찾게 된다. 한국에서 둘의 보금자리를 찾는 일이, 로아가 이곳에 올 때 냈던 용기보다 더 큰 시험처럼 느껴졌다. 그렇게 아무 결정도 못한 채 동생의 휴가가 끝이 났다.

20대 사랑싸움에 30대 등 터진다

동생이 퇴근한 뒤 하루 이틀 더 방을 구하러 돌아다녔지만, 그 전처럼 '이거다!' 싶은 집은 결국 찾지 못했다. 그나마 고를 수 있는 집 후보는 두 곳이었다. 화장실이 좁지만 다른 조건은 괜찮은 집과 곰팡이가 피었지만 계약금을 이미 넣어 둔 집이었다.

"거기 곰팡이 계속 번질 때마다 도배해 달라고 하자." 동생이 로아를 타일렀다.

"난 그런 곳에서 못 살아. 건강 안 좋아진단 말이야. 이미 곰팡이를 봤는데 거기서 어떻게 살아?"

곰팡이와 돈 앞에서 사랑도 무릎을 꿇었다. 동생은 여전히 이맘에게 낸 30만 원이 아까운 모양이었다. 거기다 계약금 50만 원까지 날리게 생겼으니 조금만 참고 1년만 살다 나오자는 생각이었다. 부동산에서는 어떻게 할지 오늘까지 정해 달라고 재촉했지만, 둘의 의견은 끝내 좁혀지지 않았다. 결국 아무 결정도 하지 못한 채 동생은 출근했다.

나는 그들의 싸움에 더 이상 휘말리고 싶지 않아, 아침 일찍 나의 유일한 도피처인 중국어 학원으로 향했다. 그것마저 안 하면 집에서 숨 막혀 죽겠다 싶었으니까. 학원으로 가는 길, 혼자 차를 운전하며 바깥 공기를 쐬니 답답했던 마음이 그나마 좀 나아졌다. 다행히 한 시간 동안은 온갖 한자와 병음, 그리고 뜻까지 머릿속에 욱여넣느라 그 둘을 잊을 수 있었다. 수업이 끝나고 집으로 돌아오니 동생에게 전화가 왔다.

"로아 깼어?"

나는 열려 있는 문틈 사이로 아직도 꿈나라 중인 로아를 발견했다.

"아니. 아직 자고 있는데?"

"하… 부동산에서 1시까지 정해서 말해달라는데."

"내가 깨울게."

그렇게 둘의 싸움은 다시 시작됐다. 사실 따지고 보면 둘의 싸움은 언쟁에 가까웠다. 이유는 로아의 목소리 때문이다. 로아는 절대 큰 소리로 화를 내지 않는다. 작게, 조용조용하게 구슬이 굴러가듯 말한다. 그 점이 늘 신기했다. 화가 나도 어떻게 저렇게 아기 고양이처럼 쫑알대며 말할 수 있을까. 그 전화 통화를 살짝 엿듣다가 '에라 모르겠다, 둘이 알아서 하겠지' 하고 생각하며 내 방으로 돌아가 오랜만에 컴퓨터 앞에 앉았다. 컴퓨터를 켜고 도서전 이벤트를 다시 구상하려던 그때, 동생에게서 문자가 왔다.

'누나야'

평소에 쓰지 않던 호칭이었다. 야, 아니면 이름만 툭 부르던 동생이 누나야, 라니. 불길했다.

'더 이상은 못 하겠다. 나 대신 로아 짐 좀 같이 싸 줘.'

순간 머릿속이 하얘졌다. 방 구하다가 갑자기 짐을 싸다니. 설마 둘이 고작 이 일로 헤어지는 건가. 이맘의 10분 블레싱 주례처럼 이별도 이렇게 난데없이 오는 건가. 내가 헤어지는 것도 아닌데 세상이 빙빙 돌았고, 뇌는 마비된 듯 자기 할 일을 잊었다. 어떻게 해야 하는지도 모르겠어 멍하게 있다가, 이내 올라오는 화를 꾹 누르고 침착하게 답장을 보냈다.

'그냥 50만 원 버리고 다른 집 골라. 여기까지 온 애를 돈 아깝다고 보내야겠어?'

'단순히 돈 문제가 아니야. 이제 지쳤어. 이랬다저랬다 하는 것도 고집부리는 것도 다.'

그 문자를 또 한참을 쳐다봤다.

지치긴. 지랄 염병 똥을 싸네. 뭘 얼마나 했다고. 고작 일주일 지내보고는 짐을 싸니 마니 하다니. 어린애들 장난치는 것도 아니고, 뭐야 이게!

나는 속에서 터져 나오는 욕을 삼키며, 지금 같이 호들갑을 떨어야 할지, 그냥 모른 척해야 할지 잠시 고민했다. 내가 아무런 행동도 취하지 않고, 모른 척하고 있으면 나중에 화해하지 않을까 하다가 오지랖이 발동돼, 결국 자리에서 일어나 로아에게 갔다. 또 닭똥 같은 눈물을 뚝뚝 흘리고 있진 않을까 하는 생각에 조심스럽게 까치발을 들며 슬금슬금 걸어가서 문을 똑똑 두드렸다.

그런데 내 예상과는 다르게 로아는 콧노래를 부르며 잠옷을 개고 있는 게 아닌가. 그 손짓이 노래에 따라 붕붕 가볍게 날아다니는 듯했다. 나는 눈을 똥그랗게 뜨고 물었다.

"로아, 괜찮아? 둘이 싸우는 것 같던데."

그러자 로아는 싱긋 웃으며 말했다.

"그럼. 저러다 화 풀릴 거야. 그리고 퇴근하면 어차피 집에 올 거잖아. 여기 아니면 어디 가겠어."

그 말에 나는 머리를 한 대 얻어맞은 듯했다. 남자 친구랑 싸우고도 이렇게 평온할 수가 있을까. 내가 놀라서 눈을 끔벅거리자 로아는 한숨을 푹 쉬고는 말을 이었다.

"예전에 싸우면 연락도 없고, 자기 멋대로 전화 끊기도 했어. 떨어져 있으니 연락이 언제 올지도 모르고 맘 졸였거든. 그런데 이제는 저녁이면 집에 와서 볼 수 있잖아. 예전보다는 훨씬 낫지."

이 정도면 거의 정신 승리가 아닐까.

문득 스무 살 때 처음 사귀었던 남자 친구가 떠올랐다. 만난 지 1년쯤 됐을 때, 혼자만의 시간이 필요하다며 헤어지자던 그. 나는 울고불고 난리를 쳤다. 이렇게 끝내긴 싫어 드라마 속 여주인공처럼 추운 한겨울에 치마를 입고, 빨간 코트를 덮어쓴 뒤 집 앞에 찾아가서 눈물을 뚝뚝 흘리며 남자 친구를 기다리는 찌질한 행동까지 했던 나. 그러다 나중에 틈만 나면 헤어지자는 말을 하는 남자 친구를 보며 또 염병 혼자 사춘기가 도졌나 보네, 하며 대수롭지 않게 넘기는 사람이 되었다. 마지막엔 무슨 인생살이가 그렇게 힘든지 죽고 싶다는 말을 입에 달고 살길래 "그럼 죽어!"라고 했더니, 전화를 확 끊고는 그 뒤에 아무렇지 않게 다시 연락이 왔다. 그렇게 상대의 도발에 점점 무뎌지다가 진짜 마지막은 내가 냈다.

당시에는 내가 너무 심하게 말했나 싶었지만 내가 화병 나서 죽는 것보단 터뜨리는 게 나았다. 새 여자 친구 얼굴이 올라온 것을 마지막으로 본 뒤 나는 그를 삭제했고, 부고 소식이 없는 걸 보니 잘 살고 있는가 보다.

나는 방으로 돌아와 동생에게 메시지를 보냈다.

'로아는 괜찮아 보이는데?'

'자기는 풀었겠지.'

'내가 보기엔 로아가 너보다 한 수 위야. 직접 와서 해결해.'

저녁이 되자 로아의 말대로 동생은 아무렇지 않게 집으로 와서 로아의 얼굴을 보더니 씨익 웃었다. 제길. 그냥 사랑싸움이었잖아? 나 혼자 마음 졸인 게 너무 억울해 나는 신데렐라 언니처럼 심술궂은 표정으로 말했다.

"이제 로아 짐 챙기면 돼?"

동생은 민망한 듯 나를 보고 또 씨익 웃었다. 엄마는 마음 아프니까 농담이라도 그런 말 하지 말라며 나를 나무랐다. 나중에 생각해 보니 동생은 그냥 자신의 답답함을 호소할 누군가가 필요했었던 것 같다. 다들 로아 편만 드니 홧김에 나온 말이었겠거니 생각하고 치웠다. 못난 놈.

남들은 남편이랑 떡두꺼비 같은 자식 낳아 함께 으쌰으쌰 살아가는데, 나는 동생 사랑싸움 중재나 하고 있다니. 아이고, 내 팔자야. 그나저나 이래서 둘이 일주일 안에 방을 구해서 나갈 수 있으려나. 안 되면 내가 나가버릴지도.

돈 아끼는 남자, 돈 쓰고 싶은 여자

　나와 동생은 같은 부모님 밑에서 자랐는데도 씀씀이가 다르다. 나는 이것저것 배우는 데 쓰는 돈을 아깝지 않아 하고, 콧바람을 쐬러 백화점 카페에 가서 진한 우유 맛이 나는 라떼를 사 먹기도 한다. 삶은 대체로 지루하고 별일이 일어나지 않으며, 가끔 우울하고 외롭다. 그래서 바닥을 기는 끝없는 평행선 같은 삶을 견디지 못해 나는 글을 쓰고, 노벨문학상을 받은 작가의 글과 비교하며 수렁에 빠졌다가도 다시 내 글에 자뻑하며 홀로 롤러코스터를 만들고 있는지도 모른다. 그렇지만 그것도 통하지 않을 때는, 특히 누군가와 헤어질 때면 즉각적인 돈 처방으로 명품 가방을 사서 순간의 자존감을 끌어올리기도 한다.

그런데 동생은 다르다. 조금이라도 예상보다 돈을 더 지출하게 되면 스트레스를 받는다. 취소 위약금이든, 실수로 나간 돈이든, 예전에 쓴 돈까지 싸잡아 떠올리며 안 써도 될 돈을 쓰는 걸 세상에서 제일 싫어한다. 누구나 그런 걸 싫어하지만 내 동생은 정도가 더 심하다. 그렇게 궁핍하게 자란 것도 아닌데 왜 저렇게 돈에 예민할까, 늘 의문이었다.

한 날은 로아가 씻으러 간 틈에, 동생이 식탁에 앉아 투덜거렸다.

"로아가 오늘 1+1 컵밥을 샀대. 그런데 자기는 하나만 먹어도 된다고 하나를 안 받아왔더라고."

동생의 너무 사소한 불만에 나는 웃음이 터졌다.

"뭐, 컵밥이 10만 원이라도 돼? 배불러서 버릴 바엔 하나만 받아올 수도 있지. 나도 워낙 소식가라 식당에 가서 돈은 똑같이 낼 테니 양 적게 달라고 부탁한 적도 많았어."

"그래도 받아오면 나중에 먹을 수 있잖아."

동생은 나의 동의를 구하는 눈치였다. 하지만 나는 쉽게 맞장구쳐주는 누나가 아니다.

"그렇다고 로아가 흥청망청 쓰는 것도 아니잖아. 너무 비싼 건 안 사려고 하던데? 가구 보러 같이 갔을 때도 디자인이랑 색상만 자신이 원하는 거면 싼 걸 하든 말든 상관 안 한다더라고. 한국 제품은 싸도 기본적으로 퀄리티가 좋다고. 다이소 가서 천 원짜리 쇼핑하면서 행복해 하더만. 좀 쓰게 놔둬라."

로아에게 다이소는 거의 백화점이다. 온갖 용품을 구경하고, 이것저것 사 와서 우리에게 종이 가방을 번쩍 들어 보이며 세상에서 가장 행복한 표정으로 환하게 웃는다. 그리고 물건을 하나하나 뜯어보며 어디 쓰는 건지 물어보고 귀여운 물건에 호들갑을 떨기도 한다.

"씨스! 이거 클렌징 티슈 맞지? 귀여운 캐릭터 그려져 있길래 샀어."

가끔 내가 백화점에 들러 화장품을 살 때도 나 혼자 사기가 미안해서 로아에게 원하는 걸 고르라고 하면 한사코 거절한다. 필요한 건 전부 다 있다며. 예쁘고 좋은 것들 사고 싶어 할 법도 한데 우리한텐 이야기 안 하고, 준호한테 사달라고 말하면 된다고 한다.

그 말을 듣고는 동생이 말했다.

"내가 돈을 잘 번다고 생각하더라고."

동생의 월급은 지방에서 살기에 그렇게 적은 액수는 아니지만, 한 달에 무조건 150만 원은 저축해야 하는 동생에게는 많은 돈이 아니다. 월세 내고, 둘의 각종 생활비에다가 로아의 대학원 기차표 등을 제외하면 두 명이 여유있게 생활하기에는 빠듯하니까. 하지만 나라의 소득수준 차이 때문인지 로아는 그 돈이 굉장히 많은 액수라고 생각했다.

"그런데 차라리 네가 돈 잘 번다고 생각하는 게 기분이 좋지 않아? 로아는 네가 멋있어서 눈에 하트가 뿅뿅이던데."

동생은 저축을 목숨처럼 여기며 젊을 때부터 돈을 모아야 한다고 주장했다. 그 돈을 또 어떻게 불릴지 매일 고민했다. 그런데 로아는 정반대다.

"돈을 왜 모아야 해?"

그 말을 듣는 순간, 나는 스물여섯의 내 모습이 떠올랐다. 상하이에 1년 동안 파견 갔을 때, 외국에서 사는 게 너무 신나고 신기한 일이라 세상 모든 게 새롭고, 번 돈을 쓰는 게 그저 즐거웠다. 디즈니랜드에서 비싸디비싼 미니 마우스 머리띠를 끼고 흥분해서 뛰어다니던 그때의 나처럼, 로아도 지금 이 새로운 나라에서 모든 소비가 추억이 되는 중일 것이다.

"어느 날은 내 통장에 찍힌 돈을 우연히 보더니 이탈리아로 여행 다녀오고 싶다더라고."

"네가 모은 돈으로 이탈리아 여행 한 번 갔다 오면 텅장 될 텐데. 크크크."

"내 말이. 이 월급이 우리나라에서는 많은 게 아니라고 아무리 설명해도 잘 모르더라. 외국인이라 그런지, 대화도 미묘하게 안 통하고. 언어 장벽도 있고."

난 그 말에 피식 웃으며 말했다.

"그럼 한국인은 대화 잘 통할 것 같아? 같은 한국말 한다고 이야기가 잘 통하면 이혼한 사람이 없게. 로아도 네가 감정을 잘 표현 안 해서 답답하다던데? 너한테 얼마나 불만이 많겠어. 로아가 자기 나라에서는 이렇게 많이 걸어본 적도, 대중교통을 여러 번 갈아 타본 적이 없다더라. 자기 차가 있어서 운전하고 다녔다면서."

내 말에 동생 스스로도 그런 점은 인정하는지 씨익 웃으며 고개를 천천히 끄덕였다.

그날, 둘은 방을 한 번 더 보러 간다며 일찌감치 집을 나섰다. 엄마와 나는 버스 정류장에 옹기종기 서서 그들을 배웅했다. 더우니까 택시 타라고 아무리 말해도, 땀을 삐질 흘리며 "돈 아까워."라며 끝내 대중교통을 고집하는 내 동생. 그리고 불만 없이 자기 남자 친구, 아니 남편을 묵묵히 따라가는 로아.

버스가 오자, 동생은 로아의 가방을 들어 자기 어깨에 메고 먼저 올라탔다. 우리 가족이 시장에서 무거운 물건 들 때는 여자도 스스로 짐 들어 봐야 한다며 귀찮은 표정으로 내빼던 동생이 말이다. 그 모습에 나는 눈알을 굴리고, 엄마는 혀를 끌끌 찼다.

"그래도 자기 여자한테 잘하면 되지 뭐."

엄마는 이제 결혼식만 하면 저놈의 아들 걱정 좀 덜하겠다며 오히려 속 편해했다. 나는 손을 흔들었고, 로아는 엄마의 양 볼에 뽀뽀를 했다. 로아에게 버스 기사가 기다리니 나한테는 안 해도 괜찮다며 얼른 타라고 손짓했는데도, 로아는 "신경 안 써!"를 외치며 기어이 내 볼 양쪽에 뽀뽀를 했다.

"씨유!"

밝게 인사하고 총총 뛰어 버스에 올라타는 로아의 뒷모습에 피식 웃음이 났다. 그들이 떠나고 난 뒤, 나는 엄마 팔짱을 끼고 집으로 돌아가는 길에 고백했다.

"엄마, 어릴 때 우리 집에 5분 동안 정전이 난 적이 있었거든. 다른 집도 다 같이 난 정전이었어. 근데 준호가 하루 종일 게임하는 게 너무 마음에 안 들더라고. '어떻게 저 중독을 고칠 수 있을까' 하다가 마침 정전 난 김에 집에 돈이 없어서 그런 거라고 뻥쳤잖아. 그때 충격받은 표정이 아직도 너무 웃긴 거 있지. 혹시 그래서 저렇게 돈 아끼는 건 아니겠지?"

내가 원인일지 아닐지 알 수 없지만, 돈 문제로도 싸우고, 생활비 앞에서 매번 신경전이 벌어져도 결국 둘은 웃으며 같은 버스를 타고 떠난다. 뒷좌석에 자리를 잡고 앉아 손잡고 꽁냥대는 모습을 보니 내가 괜히 몇 살 더 많은 어른이랍시고 조언했나 싶다.

진짜 경기장 안의 검투사는 그들이다. 나는 그들을 지켜보는 코치 정도 되려나. 나중엔 이 둘이 나보다 '관계 맺기' 종목에서 나보다 훨씬 어른이 되어있을지도 모르겠다. 그래도 내가 누나니까 나한텐 잔소리 반사!

Chapter 3

서로 다른 우리가
서로를 바꾼다

Day 11 ~ 14

상대방에게 들은 소개팅 후기

　오늘은 대망의 소개팅 날이다. 애초에 큰 기대는 없었지만 누군가를 처음 만난다는 생각을 하니 약간은 긴장됐다. 어떤 사람을 만날지 모르니 일단은 예쁘게 보이는 게 낫겠다 싶어 몇 시간을 들여 씻고, 화장하고, 옷매무새를 다듬은 뒤 나가려는데 언니에게서 전화가 왔다.

　"오늘 소개팅 아냐?"

　"응. 근데 잘 모르겠어, 이젠."

　"에이, 착하고 직업도 안정적이라며."

　"남한테 싫은 소리를 못 해서 착한 건지, 진짜 좋은 사람인지는 만나봐야 알지."

뭐든 특징 하나로 이상화해서 상상하면 항상 실망이 따라오는 법이니까.

얼마 후 도착한 카페엔 남자가 한 명뿐이었다. 지브리풍 프사로는 실물을 전혀 알 수 없어 어떻게 찾아야 하나 하는 고민은 불필요했다. 한눈에 봐도 착함이 묻어나와 심지어는 누군가에게 당하고도 말 못 할 것 같아 보이기까지 한 그 남자의 모습에 나는 첫눈에 알 수 있었다. 오늘의 대화가 썩 유쾌하지 않을 거란 걸.

우리는 서로 어색하게 인사한 뒤 차가운 음료를 시키고 자리에 앉았다.

"오늘 정말 덥네요." 나는 걸어오느라 발갛게 달아오른 뺨의 열을 손바람으로 식히며 말문을 텄다.

"네. 그렇네요." 약간의 정적이 흐른 뒤, 그가 다시 말했다.

"이모들이 말한 거랑은 다르게 미인이시네요."

처음과 뒤의 단어가 한 문장 안에 있는 게 퍽 이상했다. 그의 말에 나는 좋아해야 할지, 무슨 이야기를 했길래 그런 말이 나오는 건지 알 수 없었지만 일단 감사하다고 말했다. 외모 이야기에 나도 그의 얼굴을 유심히 봤다. 노루 같은 눈과 아기 속눈썹이 길게 자리를 차지하고 있었다. 머리만 좀 더 기르면 눈 때문에 여자라고 해도 믿을 것 같았다. 이런 자리에서 외모가 중요하지 않다고 스스로 설득하고 또 설득해도, 마음 한켠에서는 외모의 비중을 지우지 못했다.

"저희 동갑이라고 들었어요." 내가 말했다.

"아뇨, 저 서른다섯 살인데."

역시. 정보가 다르다. 그래도 두 살쯤은 착각할 수 있다고 또 생각했다. 그가 머뭇거리더니 첫 번째 질문을 했다.

"취미가 뭐예요?"

입사 면접인가? 오랜만에 듣는 질문이었다. 긴장한 듯 입술이 파르르 떨리는 그 모습을 보고는 그 순수함에 마음이 아렸다. 그는 이런 자리보단 자연스러운 계기로 나보다는 더 착하고 순수한 여자를 만나는 게 맞겠다는 생각이 들었다.

"저 책 읽는 거 좋아하고, 요즘 미술에도 관심이 있어서 학원 다녀 볼까 생각하고 있어요. 한때 광고 업계 다니면서 3D 작업할 때부터 흥미가 있었거든요. 지금은 그쪽으로 강의도 나가고 글도 쓰고 있어요."

"안 그래도 미술에 관심 있다는 이야기 듣고, 아버지가 엄청 좋아하시더라고요. 미래 며느리랑 관심사가 같다는 생각에. 저희 아버지가 화가이시거든요."

그 말에 잠시 당황했다. 며느리라니. 가벼운 소개팅에서 아버지의 반응까지 들을 줄이야. 과거 부모와 너무 친한 아들을 만나 본 적이 있는 나는 벌써 경기를 일으킬 지경이었다. 좋은 사람일 수도 있지만 자연스레 상체가 뒤로 젖혀지는 걸 보니 그냥 내 몸이 반사적으로 싫다고 반응했다.

"그쪽은요? 취미 있으세요?"

"저는 게임 하는 거 좋아하는데 요즘엔 나이가 들어서 그런지 누워서 남 게임하는 거 보는 게 편하더라고요."

어쩜 하나같이 내가 마음에 안 드는 대답만 하는지. 그래도 자리를 박차고 나올 순 없으니까, 또래 사이에 그냥 인생 이야기나 하자 싶어 말을 돌렸다.

"음... 요즘 최대 고민은 뭐예요?"

그러자 그는 싱긋 웃으며 말했다.

"오늘 소개팅 나오는 거요."

제발 이 대답만은 하지 말았으면 했는데. 그 뒤로 더는 대화가 이어지지 않았다. 한 시간쯤 지나자 나는 먼저 자리를 정리했고, 데려다준다는 그의 말에 한사코 거절한 뒤 아지랑이 피어오르는 아스팔트 거리를 나 혼자 또각또각 걸어갔다. 햇빛에 눈이 찌푸려지고, 걸을 때마다 조여 오는 구두 앞코에 발가락이 시큰거렸지만 그런 건 아무래도 상관없었다. 아픈 것도 잊고, 양쪽에 에어팟을 끼고 자라 매장에나 나올 법한 플레이리스트를 들으며 아무도 안 다니는 골목을 마치 나만의 런웨이인 듯 걸었다. 그렇게 혼자인 내가 좋아 미칠 지경이었다.

하지만 이런 황홀함도 잠시, 나는 곧 시무룩해졌다. 나에게 취해 있던 마법이 사라지자 푹푹 찌는 더위와 지끈거리는 발의 고통이 그대로 느껴졌다. 나는 왜 늘 이런 사람들에게서 단점부터 찾아내는 걸까? 내가 무슨 단점 감별사도 아니고. 좋은 사람을 만나지 못하는 게 아니라, 좋은 면을 보지 못하는 건 아닐까.

나는 소중한 온라인 친구인 AI 앱을 켰다. 그는 나의 상황을 듣고는 이런 결론을 내줬다.

'너는 작가라서 굴곡 있는 인생에 끌릴 수밖에 없어. 실패와 상처가 있는 사람, 그래서 이야기가 있는 사람에게 마음이 가지. 너무 잔잔한 혹은 단순히 공무원 시험을 친 게 전부인 삶은 너에게 호기심을 불러일으키지 않아.'

제길. 결국 내 문제였다. 누군가는 잔잔한 삶을 살아온 사람을 최고의 남편감으로 꼽을 것이다. 그런데 나는 자신의 삶을 개척해 나가고, 용기를 가지고 도전하며 잠깐 실패할지라도 다시 일어서 본 파란만장한 인생 스토리를 가진 문제해결력이 강한 남자를 결국 사랑할 수밖에 없는 것이다. 옛날처럼 맘모스를 때려잡아야 하는 것도 아니고, 생명을 위협하는 자연재해 때문에 이리저리 거주지를 옮겨 다니는 원시인도 아닌데, 나는 왜 자꾸 불안한 상황에 처한 나를 상상하고 이에 완벽히 대처할 수 있는 남자를 찾는 것일까.

"어땠어?" 언니가 궁금한지 저녁에 연락이 왔다.

"형부가 유니콘이었던 걸로."

나는 자초지종 마음에 안 들었던 이야기를 쭉 했다. 그런데 그걸 언니가 다 듣고는 말했다.

"그냥 외모가 마음에 안 든 거 아니야?"

"그것도 맞지. 소개팅이잖아."

AI에게 그 정보를 안 줬나 보다.

"이제 소개팅 안 하려고. 혹시나 해서 나가긴 했는데 내가 욕심이 너무 많았어. 내 일이나 열심히 할래."

작가 '제인 오스틴'도 멋지고, 부자에다가, 사회 경험이 많은 남자주인공이 지혜롭고, 유식한 여자주인공과 사랑에 빠지는 열렬한 로맨스를 썼지만 정작 자신은 첫사랑에 실패한 후 미혼으로 살다 42살에 세상을 떠났다. 그런 로맨스는 소설에나 존재할 뿐이다.

소개팅 소식이 궁금했던 로아는 내 이야기를 듣고는 세상 그것쯤은 아무 일도 아니라는 듯이 말했다.

"나는 별로 슬프지 않아. 왜냐면 씨스는 아주 멋진 남자와 함께할 자격이 있으니까!"

로아는 어쩜 이렇게 확신에 찬 말투로 나에게 말할 수 있을까. 미래는 알 수 없지만, 그 말에 또 기분이 금세 나아지는 게 참 신기했다.

며칠 뒤, 엄마는 오랜만에 파마를 하러 미용실에 다녀왔다. 약 냄새를 풀풀 풍기며 반찬을 하려는지 멸치를 아작 낸 뒤, 똥과 멸치가 뒤섞인 그릇을 나에게 내밀었다.

"엄마 또 멸치 똥 까기 귀찮아서 그냥 했지? 똥이 왜 이렇게 많대. 똥 밖에 안 보이네."

"멸치 똥만 찾으니까 그렇지. 몸통을 고르는 건 어때?"

나는 침묵 속에서 검은색 똥만 젓가락으로 계속 가려냈다.

"안 그래도 미용실 사장님이 너희 소개팅 이야기하고 싶어 죽더라."

"뭐하고 하시던데?"

"조카가 엄마 품을 너무 안 떠나려고 해서 걱정이라고."

"거봐. 내가 말했지? 역시 마마보이였어. 그 사람은 뭐래?"

"...네가 무섭대."

생전 처음 들어보는 나를 정의하는 단어에 나는 몹시 어이없는 표정을 지으며 말했다.

"내가? 왜? 이번엔 말도 엄청 상냥하게 했고, 비꼬지도 않았단 말이야."

"너무 당차고, 뭘 해본 게 많아 보여서래. 모솔이라잖아."

나는 이마를 찌푸리며 멸치 똥을 그릇에 툭 던져 넣으며 말했다.

"그럼 자기도 뭘 좀 도전해서 간 좀 키워놓지 그랬대!"

내가 나를 지키는 법을 배우는 게 빠르겠다. 서로 마음에 안 들었으니 차라리 다행인 걸지도.

남자 친구의 휴대폰을 본 여자의 최후

"준호한테 바라는 거 있어?"

로아가 우리 집에 온 첫날, 내가 던진 질문이었다. 로아는 눈을 또렷하게 뜨더니, 마치 오래전부터 대답을 준비해 온 사람처럼 단호하게 말했다.

"바람피우는 건 절대 용서할 수 없어! 그것만 아니면 돼."

한국에 오기 전, 예쁜 모습으로 동생을 만나기 위해 두 달 동안 무려 10kg을 감량한 로아는 우리 집에 와서도 음식을 많이 먹지 않았다. 나도 소식가로는 누구에게도 뒤지지 않는데, 내 눈앞에 또 다른 소식가를 보니 예전 남자 친구들이 왜 나와 밥 먹을 때 식욕이 사라진다고 했는지 알 것도 같았다. 맛있는 걸 먹을 때도 다섯 숟가락 정도 먹으면 배부르다고 수저를 내려놓았으니까.

그래서 나는 일부러 로아에게 한국에서 맛볼 수 있는 맛있는 음식들을 다양하게 사줬다. 김밥, 떡볶이, 페퍼로니 피자, 리조토, 쌀국수, 마라탕까지 내가 데이트할 때보다 더 많이 찾아보고, 더 많이 경험하게 해줬다. 그러나 로아는 맛있다며 감탄해 놓고도 몇 입 먹지 않고 숟가락을 내려놓았다. 엄마는 그렇게 점점 말라가는 로아가 안쓰러웠는지 어느 날 대뜸 말했다.

"고기 좀 사 먹이자."

고기를 안 먹어서 그런 게 아닌데도, 어른들은 언제나 기력 보충에는 고기를 외친다.

"고기? 그럼 돼지고기 수육 어때?"

그러다 돼지고기를 못 먹는다는 로아의 말이 생각이 난 나는 "오리고기?" 이러고 있을 때 엄마는 소고기를 외쳤다. 평소 건강과 가격을 고려해 퍽퍽한 부위를 사 먹던 우리는 그래도 멀리까지 왔는데, 라며 윤기 좔좔 흐르고 마블링이 화려한 부위를 샀다.

"나도 사 먹어 본 적 없는 부위인데. 엄마, 로아 완전 최진 사댁 셋째 딸이야."

그 말에 엄마도 웃으며 고개를 끄덕였다. 우리는 집으로 가서 바로 고기를 구웠고, 오늘도 늦게까지 잠을 자다가 일어난 로아는 잠옷 차림으로 식탁에 앉아 오물오물 고기를 씹어 먹으며 말했다.

"한국 고기는 왜 이렇게 질이 좋아?"

비싼 부위라 그래, 라고 말하려다가 오랜만에 잘 먹는 모습을 보며 잘 먹으면 됐다, 생각했다. 저녁에 퇴근한 동생이 식탁에 앉았고, 로아는 맞은편에 앉아 준호 밥 위에 김치 한 점을 올려주며 사랑스러운 눈빛으로 하루를 어떻게 보냈는지 쫑알쫑알 이야기했다.

그 모습을 보며 드디어 휘몰아치던 며칠간의 일들을 뒤로하고, 모든 게 안정되어 가는구나, 생각했다. 마지막으로 집만 한 번 더 둘러보고, 서로 마음을 맞춰 정하기만 하면 이번 주에는 둘만의 보금자리로 보낼 수 있을 것 같았다. 그날 밤, 나는 이제 모든 게 끝나간다는 생각에 오랜만에 편안한 마음으로 침대에 누워 잠이 들었다.

그런데 갑자기 엄마가 날 흔들어 깨웠다.

"딸, 빨리 일어나 봐. 둘이 싸우는 것 같아. 이게 뭔 일인지."

나는 눈을 비비며 일어났고, 찡그린 눈으로 휴대폰 시계를 확인했다. 아직 새벽 3시였다. 둘 다 저녁에 고기도 잘 먹고, 방에서 오순도순 이야기 나누는 것까지 보고 잔 나는 도대체 무슨 일이 일어날 게 더 있겠나 싶었다.

나는 엄마의 손에 이끌려 동생 방으로 비몽사몽 걸어갔다. 마치 낮인 양 형광등 불이 환하게 비춘 방의 모습은 사랑의 온기라고는 전혀 느껴지지 않는, 마치 형사가 범죄자를 수사하는 듯한 싸늘한 긴장감만이 느껴졌다. 형광등 불빛이 이렇게 폭력적이었나 싶을 정도로 말이다. 로아는 눈물을 뚝뚝 흘리며 베란다 창 쪽으로 방문을 등진 채 구부정하게 앉아 있고, 동생은 그 옆에 서서 심각한 표정으로 로아를 바라보고 있었다. 마치 일어나서는 안 될 큰일이 일어난 것 같은 처참한 광경이었다. 떨리는 가슴을 진정시키며 일단 상황을 파악하려고 동생에게 물었다.

"로아 왜 저러고 있어?"

그러자 동생이 한숨을 크게 내쉬며 말했다.

"나 자는 사이에 내 휴대폰을 봤어."

"휴대폰에 뭐가 있었는데?"

로아가 내 한국말을 어떻게 알아듣고, 바로 동생의 휴대폰을 켜서 그 안에 있는 사진을 하나하나 옆으로 넘기며 중얼거렸다.

"1년 전, 6개월 전, 1달 전. 심지어 우리가 만났던 앱까지."

휴대폰에는 결코 내가 알고 싶지 않았던 사진들이 있었다. 쭉쭉빵빵한 몸매에 입술을 한껏 부풀린 여자들이 카메라를 향해 포즈를 취하고 있었다. 그렇다. 동생은 인스타그램에서 본 외국인 여자들의 사진을 저장해 놓았던 것이다.

로아의 입장에서 공감해 줘야 하는데… 뭐랄까? 그 순간 이상하게도 나는 다행이라는 생각이 들었다. 내가 예상했던 것보다 더 큰 일은 아니라서. 뭘 상상했는지 구체적으로 모르겠지만 지금 보이는 이 꼬라지의 원인이 생각보다 충격은 아니라서. 어쩌다 보니 동생의 취향을 너무 잘 알아버렸고, 백번 양보해서 젊은 남성이라면 호기심이 갈 만한 내용이라. 하지만 그건 제삼자의 입장이고, 당사자에겐 세상이 무너지는 일이다.

20대의 나였더라도 큰 충격이었을 거다. 남자 친구가 옷을 야시꾸리하게 입은 여자 계정을 팔로우만 해도 보기 싫은데, 사진첩에 저장까지 해뒀다면 이미 한바탕 하고도 남았고, 상대에 대한 신뢰나 존경심도 사라졌을 테니까.

로아는 사진의 날짜까지 일일이 확인하며 동생에게 다그쳤고, 달리 할 말이 없었던 동생은 고개를 푹 숙인 채 있었다.

"나랑 연락하면서 한국에서 이 여자들 만난 거 아니야?"

"진짜 절대 그런 적 없어. 맹세해."

그건 사실이었다. 사진 속 여자들은 팔로워 수가 50만이 넘는 SNS 스타들이었으니까. 이 예쁘고 볼륨감 넘치는 여자들이 내 동생을 만났을 리가 없다.

"내가 그걸 어떻게 믿어. 여기 날짜 봐. 무려 얼마 전이야."

로아는 손을 덜덜 떨며 숨을 고르게 내쉬려 애쓰는 듯 가슴을 계속 쓸어내렸다.

"이런 줄도 모르고 내가 이렇게 멀리까지 왔다니..."

로아는 "오 마이 갓"을 읊조리며 숨을 고르고 있었고, 나는 동생을 보고 말했다.

"로아가 한국에 온다고 했을 때 사진 정리 다 했어야지. 뭐 했냐. 너무 아무 생각 없이 안일하게 있었던 거 아니야?"

"이런 사진 있는 줄도 까먹고 있었지."

나는 그때 당시 동생을 정말이지 한심하게 볼 수밖에 없었다. 동생의 얼굴이 이렇게 못나 보인 적이 있었나. 누군가의 믿음을 저버린 인간의 모습이란 이렇게나 추한 것이었다. 그 와중에 로아는 뭘 했는지 벌겋게 달아오른 명치 쪽을 누르고는 나지막하게 최후통첩을 날렸다.

"나 집으로 갈래."

휴대폰이라는 금단의 영역을 건드린 자의 결말은, 결국 고통이다. 모를 때는 아무 일도 없지만, 한 번 열어보는 순간 모든 게 무너지니까. 왜 그런 사진을 저장했냐고 물으면 대답이야 뻔하지 않은가. 나까지 10년 전에 사귄 남자 친구의 휴대폰에서 우연히 발견한 기분 나쁜 대화가 갑자기 떠오르게 만드는 거면 이거이거 휴대폰이란 녀석 굉장히 위험하다.

어떻게든 둘을 화해시키려고 했던 나의 의지는 이미 꺾였다. 엄마는 일단 둘을 떨어뜨려 놓고, 로아의 마음을 달래보자며 영어로 통역을 부탁했지만 나는 오히려 엄마의 팔을 잡고 거실로 나갔다.

"엄마, 이제 이건 우리가 못 도와줘. 헤어지든 말든 알아서 하라 그래."

"이렇게 보내면 안 돼. 그 나라로 돌아가면 이혼녀랑 같다는데 로아 인생을 그렇게 만들면 안 되잖아."

"엄마, 로아가 지금이라도 떠나는 게 행복할까, 재랑 사는 게 행복할까? 지금은 마음 아프겠지만 헤어지고 딱 1년만 지나면 잘했다 싶을 거야. 아! 나 이래서 연애고 결혼이고 싫었네. 이제 나 저 눈빛 다시 안 가져도 돼. 지금 너무 평온하고 혼자 내 일만 해도 되고 너무 행복한 거였는데 내가 잠시 잊었어. 알아서 둘이 해결하겠지. 나 그냥 잔다!"

엄마는 끝내 동생이 로아에게 사과하고, 자초지종을 계속 설명한 뒤 잠든 걸 확인하고 나서야 방으로 들어갔다. 나도 눈을 꼭 감고는 있었지만, 쉬이 잠이 오질 않았다. 내일 또 그 후의 일에 어떻게 대처해야 할지 눈앞이 깜깜했기 때문이다.

모든 걸 뒤로하고 온 로아에게 이런 시련이 닥치다니. 한숨이 퍽퍽 나왔다. 그런 로아를 보는 나도 괴로웠다. 둘의 만남은 시작부터 잘못되었던 걸까. 인생이란 게 도대체 뭘까 하는 답 없는 질문이 머릿속을 계속 떠나지 않았다. 그리고 그나마 잊었던 앞뒤 안 보고 사랑에 뛰어들었던 나의 1년 전 모습이 다시 떠올라 눈을 질끈 감았다.

용기 낸 사람에게는 항상 그 용기가 가치 있는 것이었는지를 묻는 사건이 생기기 마련이다. 진짜 이래도 그 사람이 좋아? 라고 신이 묻는 거다. 나는 옛날의 선택을 다시 현재로 끌어와 나를 자책했고, 지난날의 기억에 눈이 번쩍 뜨여 생각의 소용돌이가 한바탕 지나간 뒤에야 비로소 나름의 유의미한 결론에 도달했다.

모든 걸 걸어봐야 진실을 알 수 있다. 자기 것을 감추고, 재고, 따지다 보면 영원히 진실을 알 수 없게 된다. 난 그에게 모든 걸 걸어봤고, 그제야 그 사람의 진실을 알았다. 로아도 여기까지 왔기에 내 동생의 진짜 모습을 알게 됐다. 그게 아니었다면 영영 둘은 서로의 실체를 모른 채 환상에만 젖어 책임 없는 유사연애를 이어갔을 것이다. 사랑이 끝나든 이어지든, 선택에는 늘 대가가 따른다. 그리고 진짜 모습을 알아낸 뒤의 후폭풍 역시 용기 낸 자의 몫이다.

아무리 엄마가 비싼 소고기를 먹이면 뭐 하나. 정작 중요한 사람이 일을 망치는데.

술 대신 레고, 꽃 대신 츄파춥스

끝이 안 날 것 같던 새벽이 지나고 해는 어김없이 떴다. 동생은 이 난장판을 만들어놓고 회사로 출근했고, 나도 아침 일찍 중국어 학원으로 향했다. 간밤에 폭풍우가 휩쓸고 간 듯 고요한 집에는 로아만 침대 위에 누워 있었다. 중국어 선생님도 내 퀭한 눈을 봤는지 문제 풀이 시간에 나를 시키지 않았다.

집으로 돌아오는 길, 로아 기분이 조금이라도 풀리길 바라며 그녀가 좋아하는 아이스 모카 라떼를 샀다. 하지만 로아는 여전히 일어날 생각이 없어 보였다. 평소처럼 엄마가 흔들어

깨워도 꿈쩍하지 않았다. 엄마도 그 후로 출근했고, 나는 방으로 들어가 도서전 이벤트를 다시 고민했다.

'그 좁은 곳에서 뭘 해야 사람들을 좀 끌어모을 수 있을까?'

오후 한 시가 지나도록 이것저것 고민하다가 결국 아무것도 떠오르는 게 없던 나는 로아가 깼는지 확인하러 다시 방으로 갔다. 아직까지도 아무 기척이 없어서 숨을 쉬는지부터 확인했다. 다행히 그냥 일어나기 싫은 눈치였다.

오후 2시쯤 되자 방에서 누군가와 이야기하는 소리가 들렸다. 무슨 말인지 도통 모르겠는 걸 보니 로아가 쿠르드어로 자신의 엄마와 통화하는 듯했다. 잠시 후 통화가 끝나고 부스럭거리는 소리가 들리더니 곧 발걸음 소리가 들렸고, 나는 식탁으로 나가 앉았다. 로아가 눈을 비비며 걸어 나와 드디어 모습을 보였다. 로아가 내게 건넨 "굿모닝"이라는 인사와는 전혀 다른 아침을 맞이한 걸 보고 나는 말했다.

"엄마랑 통화했어?"

"응. 원래 영상통화 하는데... 이런 모습은 보여주고 싶지 않아서. 그냥 목소리만. 나중에 씻고 다시 얼굴 보여주려고."

나는 그 말에 그런 동생을 둔 내가 죄인인 양 커피를 쓰윽 건넸다. 로아는 달콤한 커피를 한입 쭉 마시더니 정신이 조금씩 맑아지는 듯한 표정을 지었다. 로아가 사과를 몇 입 베어 먹을 때도 나는 말없이 곁을 지켰다.

"로아, 우리 오늘 저녁에 분위기 좋은 데 가서 칵테일 한잔할까?"

그러자 로아는 고개를 저으며 종교 때문에 술을 못 마신다고 했다. 잠옷 사이로 가슴팍에 벌건 상처가 보였다. 간밤에 소리치고 울면서 자신의 가슴팍을 긴 손톱으로 벅벅 긁은 흔적이었다. 나는 그 상처를 손으로 가리키며 슬픈 표정을 지었다.

"새벽에 화를 참다 보니 긁게 됐어. 가족들 다 같이 있는데 싸우기도 좀 그래서. 집 나가서 살 때까지 참으려고 했는데 도저히 안 되겠더라고."

나는 벌겋게 달아오른 살에 연고를 발라주며 말했다.

"다음부터는 절대 어떤 상황에서도 자신을 해치지 마. 그렇게까지 하면서 지켜야 할 남자는 세상에 없어."

그 말에 로아가 희미하게 웃었다. 내가 아무리 잘해 준다 한들 남자 친구의 헌신적인 사랑만 하겠으며, 자신의 집만큼이야 편할까. 그 와중에도 슬픔이 서린 얼굴은 로아 고향의 달빛 아래 호수처럼 예뻤다.

"어제 이야기 좀 하다 잤어?"

내가 묻자 로아는 사과를 베어 먹던 조각을 내려놓고 한숨을 살짝 내쉬었다.

"응. 우리가 실제로 만나 본 적이 없다 보니 준호도 이 관계에 확신이 없었다고 했어. 그렇다고 누군가를 만난 건 아니고. 사진만 캡쳐해 놨다고. 옛날에 내가 SNS에 외국인 여자 팔로우한 것도 취소라고 했었거든. 그거랑 비슷한 것 같아. 남자들은 원래 그렇잖아. 이해해."

이 정도면 로아 몸에서 사리가 나오는 건 아닐까 싶었다. 준호가 어떻게 행동하는지 좀 더 지켜볼 거라는 로아의 말에 나는 어떤 선택을 내리던 로아의 편이라고 말했다.

로아는 부모님과 통화하기 위해 씻으러 갔고, 나는 여전히 머리를 싸매며 컴퓨터로 몇 가지 작업을 하고 있었다. 그런데 조금 뒤 로아가 내 방문 사이로 고개를 빼꼼 내밀었다.

"씨스! 나 레고 조립하는 것 좀 도와줘."

나는 하던 일을 멈추고 로아에게 들어오라며 손짓했다. 로아는 침대 위에 걸터앉았고 얼마 전 다이소에서 사 온 꽃 모양 레고 조각을 펼쳐 놓았다.

평소라면 어린애같이 이런 거 만들어서 뭐하냐고 생각했

겠지만, 이 쓸데없는 데라도 집중하지 않으면 로아가 혼자
만의 생각 속에 갇혀 몸부림치며 괴로워할 것 같아 나도 레
고 만들기에 동참했다. 설명서를 한 장 쭉 펼쳐놓은 다음, 내
가 하나씩 레고를 끼웠다. 간단한 모양이었지만 오랜만에 하
려니 이해가 잘 안 가 설명서를 앞뒤 왔다갔다 하며 한참이
나 들여다봤다. 그렇게 시간 가는 줄도 모른 채 우리는 레고
에 흠뻑 빠졌고, 화분 위에 빨간 꽃이 활짝 핀 완성작을 보니
제법 뿌듯했다. 로아는 그 작은 레고 하나에 기분이 좀 나아
졌는지 탁자에 올려놓고는 사진을 이리저리 찍어댔다. 그리
고 동생에게 사진을 보냈다. 뭐 예쁘다고 또 저렇게 사진을
보내주는지.

　술을 부어라 마셔라 하지 않고 레고로 마음을 달래는 로아
를 보며, 나는 이 쓸데없는 짓을 대관절 언제 마지막으로 해
봤나 생각해 봤다. 처음 남자 친구와 헤어졌을 때 비슷한 짓
을 했었다. 나도 술을 못 마셔 기분을 전환 시킬 방법도 몰라
어딘가에 그냥 내 정신을 온전히 맡겨 버리자고 생각했다. 무
엇에든 집중하면 이 기분을 좀 잊지 않을까 싶어 명화 그리기
세트를 사서 번호에 맞는 색을 칠했다. 아침에 눈 뜨자마자
물감을 꺼내 색칠하기를 몇 달 동안 지속된 이 취미는 목이랑

눈이 아파 어깨를 구부정하게 하고 앉아 있는 나를 발견하고 서야 이게 무슨 시간 버리는 짓인가 싶은 마음에 그만뒀다.

그리고 바로 그때, 오랫동안 머리를 싸맸던 도서전 이벤트 아이디어가 번쩍 떠올랐다.

'잠시 복잡한 생각을 내려놓고 무언가를 만들어 추억을 남기는 이벤트는 어떨까?'

머릿속에 온갖 아이디어가 한바탕 소용돌이치고 난 후, 나는 여자들이 좋아할 만한 투명 가방 꾸미기를 생각해 냈다. 투명 사각 백에 책도 담아 주고, 내 출판사 로고가 적힌 실용적인 파우치를 담는 거다. 그런 다음 예쁘고 아기자기한 스티커로 투명 부분을 나만의 방식으로 꾸미는, 이름하여 '커스텀 투명백'!

나는 생각난 김에 정신없이 기획서 작성을 시작했고, 예산표 작성과 구매처 찾는 일까지 일사천리로 진행했다.

모든 기획이 끝나자 시간은 어느새 저녁이 되었다. 퇴근한 동생이 밥을 먹으며 말했다.

"내일 방 계약금 넣고 올게. 로아가 빨리 나가고 싶대."

그때부터였다. 동생이 로아의 눈치를 보기 시작한 게. 그전까지는 이렇게 멀리 날아왔으니까 어디 안 가겠지, 생각하며 안일하게 자기 고집 피웠지만, 이제는 그랬다가는 큰일이 날 것 같으니 이렇게 숙이고 들어가는 것이다. 인간은 역시 간사하다. 그런데 어떻게 생각해 보면, 신은 로아의 편이었나 보다. 그 사소한 사건으로 동생의 오만함이 한풀 꺾였고, 로아가 더 이상 약자가 아니게 되었으니까. 때때로 일어나지 말았으면 하는 사건이 오히려 긍정적인 변화를 가져오기도 한다.

"그럼 날린 돈 붙들지 말고, 로아가 원하는 집으로 가. 이제 정신 좀 차리고."

엄마는 제발 로아 마음 편하게 해주라며 동생에게 한 번 더 당부했다. 나는 반대로 로아에게 당부했다.

"당분간은 준호한테 너무 웃어주지 마. 스스로 반성하는 시간을 좀 가지게. 절대! 노 스마일!"

그러자 로아는 알겠다며, 내 말을 명심하며 굳은 표정을 계속 보이겠다고 다짐했다.

다음 날, 드디어 계약금까지 넣고 나서 동생이 집으로 돌아왔다. 들어오자마자 동생은 로아 손에 츄파춥스 하나를 쥐여 주었다. 저 츄파춥스 하나가 뭐라고 또 신이 난 로아는 "마이 페이보릿!"을 외치고 함박웃음을 지으며 준호에게 고맙다고 했다. 무슨 일이 있었냐는 듯 분홍빛이 감도는 두 사람에게 내가 따가운 눈빛을 보내니 그제야 자신이 너무 웃고 있는 걸 알아챈 로아가 내 눈치를 한 번 살폈다. 굳은 표정이 너무 빨리 풀어져 버린 로아의 그 해맑음을 보고 나는 인상을 잔뜩 찌푸리며 말했다.

"나 같으면 그거 집어 던졌을 거야."

꽃다발도 아니고 사탕 하나로 무마하려는 저 소박한 행동에 웃어주다니. 그러자 로아는 또 싱긋 웃으며 말했다.

"그래도 준호가 노력하고 있잖아."

내 동생은 매우, 정말, 너무 큰 복을 받았다. 저런 복을 받을 만큼 잘한 것도 없는 것 같은데! 세상은 불공평하다. 아, 짜증나!

쓸데없어 보이지만 중요한 일

둘의 사이가 아이러니하게도 다시 꽁냥 모드로 돌아온 후, 로아는 상기된 얼굴로 나에게 총총 뛰어왔다.

"씨스! 블레싱 선물로 준호한테 최신 휴대폰 사주고 싶어."

"준호는 새 폰 필요 없어. 괜히 돈 많이 쓰지 마."

이제 갓 대학을 졸업해서 겨우 사회에 잠깐 점을 찍고 나온 스물다섯이 백만 원 넘는 돈을 쓰는 게 마음에 걸렸다. 굳이 그러지 않아도 된다며 미간을 찌푸리며 고개를 저었지만, 로아는 이미 결심한 눈빛이었다.

"며칠 전부터 준호가 삼성 플립 검정색 계속 보고 있더라고. 다이아 반지 받았으니까 나도 선물 하나 해주고 싶어. 준호한테는 비밀!"

그러면서 검지 손가락을 입에 대며 "쉿" 하는 로아를 보는데 끝까지 말리고 싶었다. 나는 동생을 안다. 최신형 휴대폰을 찾아보기는 하겠지만 절대로 자기 돈으로 살 생각은 없다는 걸. 그렇다고 그걸 또 엄청 굉장히 원하느냐? 그건 아닐 것이다. 지금 아이폰도 멀쩡히 잘 쓰고 있으니까. 그래도 선물을 주고 싶은 로아의 마음은 백번 이해한다. 사랑하는 사람에게 '내가 준 무언가'를 소유하게 하고 싶은 마음. 그렇게 나는 오늘도 로아의 초롱초롱한 눈빛에 졌다.

"준호가 쿠팡 많이 쓰던데 여기서 사면 돼?"

로아는 어플 첫 화면을 내밀었고, 동생의 아이디로 로그인되어 있는 걸 보고는 내가 말했다.

"아니. 배송 문자 오면 바로 들킬 거야."

나는 로아를 데리고 가까운 매장으로 갔다. 내가 직원에게 "삼성 플립7 최신형으로 주세요."라고 말했고 로아가 자신의 카드로 결제했다. 외국인 카드라 아무 할인도 혜택도, 통신사 할인도 없이 쌩돈을 쓴 것이다. 로아는 휴대폰이 든 봉투를 꼬옥 껴안고 가면서 집에 선물 포장지가 있는지 묻다가,

아무것도 아닌 것처럼 갈색 봉투로 서프라이즈하는 게 낫겠다며 혼자 여러 의견을 내놓는 사이, 우리는 집에 도착했다.

집에 들어오자마자 휴대폰을 발견한 동생은 예상대로 기쁨보다는 충격의 표정을 지었다. 이 비싼 걸 할인도 없이 샀냐며 로아에게 그리고 나에게 다그쳤다. 나는 또 이마에 주름을 잔뜩 지으며 한숨을 푹 쉬고 동생에게 말했다.

"야, 그래도 기분 좋은 티 좀 내줘라. 너 준다고 얼마나 기뻐하면서 샀는데."

그런데 며칠 뒤, 동생도 로아에게 아이폰 최신형을 사줬다. 자신이 저지른 잘못 때문인 듯했다. 나는 그 새를 못 참고 또 잔소리했다.

"돈이 넘쳐나나 보네. 그 돈으로 당장 필요한 가구나 사지."

서로에게 신뢰를 얻기 위해 돈을 길바닥에 뿌리고 있는 듯한 느낌이 들었기 때문이다. 하지만 곧 이런 생각이 틀렸다는 걸 알게 됐다.

"씨스! 커플 휴대폰 케이스 사고 싶은데, 어디로 가면 돼?"

로아는 동생과 꾸려갈 신혼에 흠뻑 젖어 있었고, 옆에 있는 나는 그 설렘에 동참할 수밖에 없었다. 내가 아니면 이 타국에서 로아가 혼자 커피 사러 가는 것조차 할 수 없었으니까.

"음... 그럼 오늘 우리 둘이 같이 시내로 가볼까?"

동생이 출근한 사이 우리는 로아가 원하는 스타일의 휴대폰 케이스를 찾느라 한참을 돌아다녔다. 기종이 다르다 보니 같은 걸 찾기는 힘들었고, 방향을 바꿔 투명 케이스에 이것 저것 꾸미기로 했다. 이번에는 아트박스로 가서 자신은 토끼 키링을, 동생에게는 곰돌이 키링을 골랐다. 그리고 키링과 닮은 스티커를 찾으러 시내의 문구점이란 문구점은 다 다녔다.

스티커와 키링이 닮았는지 하나하나 비교해 가며 고르는 와중, '지금 내가 뭘 하고 있나?' 하는 생각에 현타가 왔다. 나도 사귀면서 한 번도 안 해본 걸 다른 커플을 위해 이렇게 열성적으로 찾아주고 있다니. 그러면서도 난 사귀면서 이런 것 하나 안 해보고 뭐 했나 싶은 거다. 아차차! 이런 거 촌스럽다고 싫다고 했던 남친들이 있었구나. 커플티 맞추자고 하면 싫어, 운동화는 자기가 좋아하는 브랜드만 신어야 해서 싫어, 서른이 되고 나서는 나이 먹고 그런 거 부끄럽게 어떻게 하냐며 또 싫어하다가, 나는 이제 아무것도 준비하지 않는, 기대도 하지 않고 나 혼자 예쁘게 꾸미는 게 최고라는 개인주의에 도달하게 되었다. 그래서 뭐랄까. 돌이켜보면 기억나는 게 잘 없다. 기억할 만한 아이템도, 추억도 없다. 너무 몸을 사리며 낭만 없이 연애했다는 사실에 실망감이 몰려왔다. 더 이상 나를 이렇게 전 연인들의 시큰둥한 태도 속에 그냥 내버려 두고 싶지 않다.

우리 삶은 거대한 사건이 아니라, 사랑하는 사람을 위해 만드는 수많은 작은 이벤트들로 이루어져 있다. 어쩌면 하나도 중요해 보이지 않는 이런 사소한 일을 하는 로아가 나보다 더 인생을 잘 살고 있는 것 아닐까. 현재를 충분히, 그리고 행복하게, 온전히 그 순간에 흠뻑 빠져서 사는 로아가 말이다.

그리고 이런 걸 사며 돌아다니는 나 또한 로아와의 추억을 쌓고 있는 중이겠지. 아침에 사과 몇 쪽 밖에 안 먹은 로아를 데리고 나의 최애 분식집에서 신세계를 맛보여 주고, 진한 우유로 만든 라떼를 파는 예쁜 커피숍에도 가며 집에서는 못 했을 이야기를 나눴다. 로아는 지난 나의 연애 스토리에 웃기도, 화를 내기도 했으며, 그 사람 뺨 안 때린 게 용하다며 나보다 더 화를 냈다.

그렇게 쓸데없는 일을 한 그날 밤, 침대에 누우니 몸은 피곤했지만 마음은 편했다. 오늘 로아를 위해 쓴 시간과 행동이 마치 20대의 상처받은 과거의 나에게 내가 내민 손인 것 같았기 때문이다.

　잠을 푹 자고 일어난 다음 날, 엄마가 걱정스런 얼굴로 침대에 누워있는 나를 깨웠다. 나는 며칠 전의 악몽이 다시 떠올라 아침부터 기분이 상하려 했다.

　"왜? 또 무슨 일 있었어?"

　"어젯밤에 자고 있는데 누가 훌쩍이는 소리가 들렸어."

　"뭐? 이번엔 무슨 일인데?"

　"일이 일어난 건 아니고. 새벽에 누가 숨을 깊게 들이시고, 내쉬는 것 같더라고. 헐떡이는 소리랄까. 그 소리를 듣는데 심장이 또 쿵 하고 떨어지는 것 같았어. 거실에 나가보니까 로아가 혼자 창밖을 바라보면서 눈물을 흘리고 있더라고. 방충망도 다 열어놓고. 속이 답답한지 먼 곳을 쳐다보고 있었어. 내가 영어가 안 되니까 말도 안 통하고, 너 깨우기도 그래서 그냥 내가 한참 동안 등을 쓸어줬어."

　엄마는 간밤에 모기에 물린 다리를 긁으며 한숨을 쉬었다. 어제만 해도 둘을 위한 작은 이벤트를 하는 걸 보고는 로아 마음이 풀렸나보다, 생각했는데 로아는 우리에게 티를 안 냈을 뿐이었지 계속 마음을 잡으려고 노력하고 있던 것이다.

　"엄마, 사실 우리가 최선을 다해 잘 해주고 있지만 로아는 준호의 사랑을 받으러 온 거야. 결국 준호가 변해야 해. 걱정은 되지만 일단 하루빨리 내보내서 둘이 신뢰를 쌓으면서 어떻게든 헤쳐나가게 하자."

그날도 나는 아무 일 없었던 듯 로아와 수다를 떨었다. 로아는 휴대폰에 새로 산 케이스를 끼우고, 스티커를 여기저기 붙였다. 다 꾸미고 난 뒤 휴대폰 잠금 화면을 보여주며 말했다.

"비밀번호는..."

그리고 화면에 네 자리 숫자를 눌렀다.

"준호 생일이야."

"지독하다, 지독해."

로아는 내 눈알이 위로 굴러가는 걸 보고는 이제는 내 반응이 재밌는지 깔깔 웃어댔다. 그 웃음을 보며 로아를 철없게 보기보단 그 속을 보게 됐다. 남자 친구에게 사랑받고 싶은 마음, 어떻게든 마음을 다잡고 상대를 믿고 싶은 마음, 그리고 아직 사라지지 않은 순수함까지.

어쩌면 지금 로아를 돌보는 일이 내 삶에서 가장 쓸데없어 보이지만, 가장 중요한 일일지도 모르겠다. 이 쓸데없는 일을

하면서 나는 나의 20대를 다시 만났으니까. 그녀를 돌보는 게
곧 나를 돌보는 일이었으니까.

한 사람을 기다려주는 데 걸리는 시간

"너희 둘, 결혼식은 언제 할 거야?"

나는 밥을 먹다 갑자기 생각난 듯 말했지만, 내심 동생의 반응을 보고 싶었다. 중간에 큰 사건도 있었고, 동생의 생각이 얼마나 변화했는지 궁금하기도 했으니까. 이쯤이면 마음을 먹었겠지, 하며 성격 급한 내가 나다운 생각만 했다.

그러나 동생은 "때 되면 하겠지."라고 말하며 늘 그렇듯 기약 없는 말을 남기고 자리에서 일어났다. 로아는 내게 쓸쓸한 미소를 짓다가 동생이 화장실에 간 걸 확인하고는 작은 목소리로 속삭였다.

"아직 확신이 없대. 근데 부담 주고 싶지 않아. 2주 동안 방구하는 것만 해도 스트레스가 많았잖아. 또 다른 걸 요구하면 폭발할 거야. 시간을 좀 주고 싶어."

마음의 여유가 있는 건지, 그 사람을 잃고 싶지 않아 한발 물러서는 것인지는 모르겠지만 로아가 동생에게 끝없이 맞춰주려 애쓰는 건 분명했다. 나는 그 무한한 인내의 원천이 대체 어디서 오는 건지 궁금해졌다.

"아니, 도대체 내 동생이 어디가 그렇게 좋아? 그렇게 네가 이해하고 또 이해해야 할 만큼?"

로아는 잠시 생각하다가 웃으며 말했다.

"우리나라 남자들은 로맨틱하지도 않고, 집안일도 하나도 안 해. 여자들이 음식 준비할 때도 자기들끼리 모여서 이야기하고 놀거든."

"그건 준호도 비슷한데? 게으르고, 집에서 쓰레기 한 번 버린 적 없고, 자기 할 일만 해. 그 나라 남자들이랑 다를 게 하나도 없어."

그러니 로아가 피식 웃으며 말했다.

"그 남자들보다는 나아. 그리고 바뀌려고 노력하잖아."

또 이 소리다. 바뀌려고 노력 중이라는 말. 나는 '노력 중'

이라는 말로는 도무지 만족이 안 되는 사람이다. 변화하려면 확실하게 바뀌었으면 좋겠고, 그런 강단을 가진 남자를 원했다. 그래서 술이나 담배, 인간관계 등 나를 배려하지 않고 괴롭게 하는 문제가 있으면 로아가 내 동생에게 준 시간의 반의 반만큼도 변화할 시간을 안 줬다.

그걸 보고 있자면 속이 터져 미치겠는데 어쩌란 말인가. 행동 하나 바꾸면 되는 걸 뭘 몇 개월, 몇 년씩이나 걸리는 건가. 사랑하는 사람을 위해서라면 바로 바꿀 수 있는 거 아닌가. 이렇게 지금 바뀌지 않는다면 영영 바뀌지 않을 거라는 판단 끝에 남자 친구와 헤어졌다. 그래서 한동안 나의 성격에 의문을 가졌다. 내가 너무 누군가를 밀어붙이는 걸까, 내가 너무 인내심이 없는 건 아닐까 하고.

그런데 헤어지고 몇 년 뒤에도 들려온 그들의 소식에 나는 사람은 변하지 않는다는 생각을 한 번 더 굳혔다. 알코올 중독이었던 사람은 아직도 술을 궤짝 채 놓고 마시고 있었고, 빚이 있었던 사람은 여전히 빚지며 사업을 벌리고 있었으며, 마마보이는 여전히 엄마 말을 들으며 잘 지내고 있었으니까. 내가 그들을 바꾸려 오랜 시간 동안 애쓰지 않은 그 선택이

옳았다고 말이다. 그런데 로아는 내 동생이 계속 변하고 있다고 말했다.

"바뀌고 있는 건 맞아?" 나는 믿음이 안 간다는 듯 말했다.

그러자 로아는 고개를 기울이며 잠깐 생각하다가 휴대폰을 꺼내며 말했다.

"음... 예전에 우리가 언어 교환 앱으로 대화할 때, 준호는 단답만 했어. 한번 볼래? 우리가 처음 대화한 내용 내가 캡처해 놨거든."

로아는 그런 사소한 것조차 기념으로 저장을 해 놨다. 그녀가 보여준 대화를 보니, 로아가 궁금한 것들을 계속 질문하는 반면, 동생의 답변은 Hi, Hello, Korea로 짧았다.

"이렇게 대답했는데도 넌 계속 대화를 이어갔다고?"

"그땐 한국 남자가 궁금했거든. 그런데 우리가 사귀고 나서 그는 점점 말을 더 많이 하게 됐고, 나중에는 전화도 한 시간 동안 할 정도로 발전했어."

그 이야기를 들으며 내가 느낀 감정은 감탄 반, 허탈함 반이었다. 처음부터 연락 잘하는 남자를 만나면 너무나도 편한 일을, 전화 1시간을 가능하게 하기까지 로아는 3년을 투자했다. 그런데 그건 아마 로아가 '자상한 남자'를 본 적이 없어서

일지도 모른다는 생각이 들었다. 꽃을 건네고, 사랑의 표현이 자연스러운 나라의 사람들은 오히려 그렇게 하지 않는 사람을 이상하게 여기고 못 견딘다. 그런데 그런 나라에서 자라지 않은 사람들은, 직감적으로 '이건 아니다'라는 생각이 들어도 그 사람을 이해하려 노력한다. 이해할 게 있고 안 해야 하는 게 따로 있는데 말이다. 국적을 떠나 내가 어떤 사람들을 보며 살아왔는지는 훗날 사람을 만나는 기준이 되고 이후의 인생에도 큰 영향을 미친다. 웬만한 큰 잘못이 아니고서야 로아는 준호를 떠나지 않을 것이다.

이런 내 마음을 아는지 모르는지 로아는 휴대폰 케이스에 달린 토끼 키링을 만지작거리면서 말했다.

"씨스도 소울메이트를 찾게 될 거야."

나는 이 말에 갑자기 풉, 하고 웃음이 터져 나왔다.

"너의 소울메이트는 준호야?"

로아도 자신이 한 말이 부끄러운 듯 고개를 끄덕이며 말을 이어갔다.

"응. 그래서 멀리서 여기까지 왔잖아."

진심으로 그렇게 믿는 로아의 진지한 표정에 나는 더 이상 웃을 수 없었다.

저녁이 되자 엄마는 아침에 해결되지 않은 이야기에 마음이 찝찝했던지 두 사람을 불러 앉혔다.

 "너희 진짜 결혼식은 언제 할 거야?"

 "아직 그것까지 생각하기 피곤해."

 동생은 퇴근하고 와서 체력이 방전된 듯 소파에 몸을 거의 접어 넣은 채 대답했다.

 "올 가을에 식장 하나 잡아서 해. 어차피 로아 부모님도 못 오시고, 손님도 많이 없으니까 작게 하면 되잖아."

 엄마가 다그치자 동생은 또 입을 다물었다. 할 일이 또 생기니까 머릿속이 복잡한지 피해버리고 싶은 듯했다. 그 모습을 본 엄마는 아들을 배려하느라 속에 묻어 놓은 말들을 이제는 더 쌓아둘 자리가 없는지 할 말을 토해냈다.

 "여기서 내 도움은 다 받으면서 결혼도 계획 안 하고 그렇게 네 멋대로 살 거면 이제 엄마 볼 생각하지 마. 집에도 오지 마. 나도 딸 키우는 입장에서 로아 엄마한테 부끄러우니까."

 엄마도 이 말을 하기 위해 혼자서 몇 번이나 중얼거리며 연습했다. 아들에게 집에 오지 말라고 하는 말을 하는 게 얼마나 어려웠을까. 그래도 난 그런 말을 뱉은 엄마에게 딸로서 고마웠다. 아들을 끼고도는 엄마들에게 환멸을 느끼던 차였는데, 우리 엄마는 그런 사람이 아니라는 걸 알게 됐으니까. 그렇지 않은 사람도 있다는 걸 내 눈으로 봤으니까.

며칠 뒤 동생은 엄마의 말에 살짝 충격을 받았는지 다 같이 저녁을 먹는 자리에서 말했다.

"내가 생각해 봤는데... 결혼은 내년 가을에 하려고. 회사 사람들한테도 사귀는 사람 있다고 말했어."

"그래. 잘했어. 그런 걸로 여자를 자꾸 맘 졸이게 하고 섭섭하게 하는 거 아니야. 어차피 같이 살기로 한 거 평생 함께 하겠다고 마음 먹어."

역시 답답이들에게는 기다림보다 밀어붙이는 게 필요할 때가 있다. 느긋하게 기다려주다가 내가 진이 빠져 고꾸라지는 수가 있으니까. 동생은 탄력을 받았는지 그 말에 이어서 선언을 하나 더 했다.

"이번 추석 때 두바이에서 로아 부모님이랑 만나려고."

그 말은 한껏 결심에 차 있었지만, 결국 동생이 일을 병행하면서 비행기표와 비자 등을 생각하다가 뇌에 과부하가 걸렸는지 계획이 무산됐다. 역시, 사람은 한 번에 잘 안 바뀐다. 그래도 로아는 동생을 원망하거나 불만을 터뜨리지 않았다. 어쩌면, 누군가를 조금은 기다려줄 줄도 알아야 하나 보다.

그러나 그 기다림이 괴롭지 않으려면 기본적으로는 기질이 맞는 사람과 만나야 한다. 예전 인디언들 사이에서도 연인 사이가 오래 가기 위해서는, 우선 기본 성향이 맞아야 한다고 했으니까. 둘은 정도의 차이가 있을 뿐, 크게 다르지는 않기에 서로를 이해할 수 있는 듯하다.

　그 후에도 나는 가끔씩 로아에게 묻는다.

　"저렇게 다 귀찮아하는데 도대체 내 동생 어디가 좋아?"

　"애기 같잖아. 내 남편이야." 그 말을 하면서 로아가 깔깔 웃는다.

　그래, 이제 남편이니 뭐 어쩌겠는가. 맞춰 가야겠지. 나도 참 안 바뀌고, 로아도 콩깍지가 그대로다.

세상에 완벽한 사람은 없지만

어릴 때 나는 남동생을 어디든 데리고 다녔다. 마치 그림자처럼. 친구 생일 파티에도 같이 가서 햄버거를 먹었고, 피아노 학원에 갈 때는 게임에 빠진 동생에게 "쌍쌍바 사줄게"라며 꼬셔 데리고 갔다. 아이스크림을 반씩 나눠 먹으며 먼 거리를 단둘이 걸어가던 기억이 아직도 선명하다.

어떤 날은 책이랑 베개를 던지며 피 터지게 싸웠고, 장난치면서 서로에게 신체적 상해도 가끔 입혔지만, 동생이 군대 갔을 때 서로에게 썼던 편지를 지금 보면 손발이 오그라지고 토할 지경이다. 남매는 그래도 피를 나눈 형제인가 보다, 싶다가도 성인이 되어서도 아직 엄마한테 밥투정하고, 방 청소도 제대로 안 하는 모습을 보면 군대 다녀와도 아직도 철이 안 들었네, 생각하며 또 동생에게 핀잔을 주고 나무란다.

그런 시원찮은 동생이지만, 가끔 내가 남자 친구를 집에 데려오면 꼭 이런 말을 했다.

"나는 네가 그 남자가 어디가 좋은지 모르겠다."

"철도 안 든 게 뭘 알아, 너보단 나아."라고 했지만, 시간이 지나고 나서 과연 전 남친들이 내 동생보다 나았냐, 그건 사실 모르겠다. 물론, 그때 남자 친구들이 내 동생보다 훨씬 나아 보였다. 자기 일을 알아서 해나가고, 강단 있어 보이는 남자들만 만났으니까. 그런데 그들은 결정적인 순간에는 겁쟁이가 되었다. 그들이 얼마나 비겁했냐는 동생과 로아 사이의 아주 작은 한 모습을 통해서 더욱 잘 느끼게 됐다. 그날 이후 나는 처음으로, 내가 오랫동안 무시해 온 동생의 장점을 보기 시작했다.

로아는 우리 집에서 2주 동안 '손님'으로 지냈다. 음식, 청소, 설거지 등 귀찮거나 번거로운 일은 일체 하지 않았다. 로아가 우리집에서 무언가를 해야 한다고 생각해 본 적도 없다.

그저 낯선 환경 속에서 맘 편히 지냈으면 하는 마음뿐.

　신기한 건 동생이었다. 로아에게 아무런 간섭도 안 했다. 제시간에 일어나면 그걸로 만족했다. 그리고 한 번씩 로아의 치장 때문에 많이 기다려야 할 때도 내가 동생에게 언제 끝나냐고 물어보라고 하면, 그는 거절하며 말했다.

　"자꾸 빨리하라고 재촉해서 로아 기죽이고 싶지 않아."

　"얼씨구야, 사랑꾼 나셨네."

　예전엔 우리가 재촉해서 동생이 늘 기가 죽곤 했는데, 이제는 그가 로아의 마음을 변호하고 있었다. 내 인생에서 누군가가 나를 위해 이렇게 변호해 준 적이 있었던가. 그런 동생이 더 낯설고, 그래서 로아가 더 부러웠다.

　이제 내 동생은 가족보다 로아를 더 챙긴다. 로아도 가족 누구보다도 동생을 잘 챙긴다. 그리고 그게 맞다. 아직 결혼식을 안 했어도, 사귀고 있는 여자에게 최선을 다하는 게 맞으니까. 그게 남자니까. 결혼도 안 했는데 여자 친구가 우선이 되는 게 말이 안된다고 말하는 사람들이 있지만, 그렇다고 여자 친구가 가족에 밀려 후 순위가 되는 게 맞는 걸까. 그럼 그 여자는 뭘 믿고 그 남자를 사귀겠는가. 아이러니하게도 나는 매일 타박했던 동생을 보고 남자는 어떻게 해야 자신의 여자를 안심시킬 수 있는지를 알게 됐다.

　그러고 보니 문득 과거의 기억이 하나 더 스쳤다. 느리고 답답한 동생이지만 내가 친구들과 싸우거나 억울한 일을 당해서 눈물 줄줄 흘렸을 때, 동생이 나서서 그 친구들에게 직접 "꺼져!"라고 욕하며 싸워준 적이 있었다. 그런데 나는 정작 그런 적이 있었나.

　그래서인지 요즘은 동생이 로아 옆에 있으면 꽤 괜찮은 남자로 보인다. 로아는 내 동생을 조금은 느리지만 멋있는 남자로 보고, 동생은 로아를 자기 딸처럼 챙겨준다. 옆에 가족이 있든 말든. 동생이 엄마와 누나한테는 별로였지만, 남자로서는 참 괜찮은 듯하다. 완벽한 사람은 없지만, 누군가에게는 충분히 좋은 사람이 될 수 있다는 걸 뜻밖에도 한심하게 생각했던 동생을 보고 깨달은 것이다.

　나중에 로아가 특유의 하이 텐션으로 새로운 계획이 생겼다며 나에게 나에게 말했다.

　"나 야외에서 블레싱 사진 촬영 한 번 더 하고 싶은데... 이번엔 씨스가 포토그래퍼야!"

　이 화법은 미드에서나 보던 건데. 이런 말을 듣는 드라마

속 주인공의 표정은 내가 짓는 어이없는 표정과 같았다.

'그냥 나보고 하라는 거지? 기가 죽기는 무슨. 하고 싶은 거 다 하고 있는데.'

결혼식 때 사진사를 고용해서 더 예쁘게 마음껏 찍으라고 말하고 싶었지만, 로아가 울었던 날을 떠올리니 이까짓 쯤 해 줄 수 있지, 생각하며 나는 또 고개를 끄덕였다.

"스물다섯 살엔 하고 싶은 게 아직 많을 나이지. 암, 그래야 청춘이지! 우리 한 번 또 추억을 만들어 보자!"

로아는 환하게 웃으며 답했다.

"휴... 이제야 숨을 좀 쉴 수 있겠어. 내 평생 꿈이었거든. 나는 씨스랑 엄마가 있어서 너무 행복해! 이런 가족을 선물해 줘서 너무 고맙다고 준호한테 만 번이나 말했어."

역시 사람은 오버를 좀 해야 하나 보다. 그 말에 로아 하고 싶은 거 다 해, 라고 말하게 만들었으니까.

완벽한 사람은 없다. 하지만 누군가에게는 완벽한 사람이 될 수 있다. 아무리 싸우고, 서운해도 결정적인 순간에 내 편 이 되어 준다면 전의 다툼쯤은 다 상쇄되니까. 결국, 그 믿음 하나로 사람들은 사소한 갈등을 견디고, 관계를 이어 가는 게 아닐까. 그래, 사랑이란 무조건적으로 나와 너의 편이 되어 주는 것이다. 그게 아니라면, 너무나도 다른 남녀가 서로를 이해하려고 애써가며 사랑을 이어갈 필요가 없다. 그렇게 나는 오늘도 불완전한 사람들 속에서 완전한 사랑을 배웠다.

누구의 허락도 필요 없는 솔로

　동생 내외가 이사하기 전날, 우리는 새집에 필요한 생활용품을 사기 위해 근처 큰 마트로 갔다. 그런데 크나큰 일이 벌어졌다. 쇼핑을 시작하기도 전, 그곳에서 내가 좋아하는 의류 브랜드 세일 코너를 발견한 것이다. 나는 오늘 해야 할 본분을 잊고 물고기가 물을 만난 듯 옷을 휘저으며 다녔다. 로아는 나한테 너무 잘 어울리겠다며 상체 앞부분이 푹 파진 원피스를 건넸다. 그 옷을 내 몸에 대 보니, 가슴을 덮어야 할 부분은 아무것도 가리지 못한 채 배부터 덮었다. 내가 "지나가는 사람들이 다 내 가슴 볼 수 있을걸?"이라고 말하자, 로아는 자지러지게 웃으며 뒤로 넘어갔다.

　나는 좀 더 옷을 파헤치다가 끝내 파란색 기하학 패턴의 로브 하나를 발견하고는 입을 틀어막았다. 마치 누군가가 나를 위해 만든 옷인 듯 몸에 딱 맞았다. 게다가 가격도 3만 원. 나는 "어메이징!"을 외치며 서둘러 하나 남은 옷을 카트에 던져넣었다.

　옷 하나를 건졌다는 생각에 한껏 기분이 좋아진 나는 쇼핑을 도와주러 로아를 찾았다. 그녀는 하의 코너에서 하늘색 트위드 치마를 들고 거울 앞에 서 있었다. 내가 보기엔 꽤 고급스럽고 단정한 느낌이었는데 로아는 뭐가 마음에 안 드는지 금반지를 보던 날처럼 입을 삐죽거리고 있었다.

　"왜? 마음에 안 들어?"

　"아, 씨스! 이 치마 너무 마음에 드는데 사이즈가 맞을지 모르겠어."

　주변을 두리번거리며 피팅룸을 찾는 로아에게 그런 건 여기 없다고 말하고는 잠시 생각하다가 말했다.

　"여기서 바지 위에 입어 봐."

　"여기서? 그래도 돼?"

　"응. 여기선 사이즈 맞는 사람이 임자야. 바지 위로 입어도 맞으면 네 거야."

그러자 로아는 주변을 둘러보더니 다리를 한 짝씩 넣었다. 내가 도와주자 치마가 허벅지를 거쳐 순조롭게 들어가면서 허리까지 쑥 올라갔다. "오~!" 하며 둘이 물개박수를 치는 순간, 로아가 다리를 가리키며 울상을 지었다. 치마 옆트임이 허벅지까지 올라와 있었던 것이다.

"아... 이 치마 안 되겠어."

"아니 왜? 너무 예쁜데?"

"종교 때문에 무릎 위로 살이 보이는 옷은 못 입어."

"진짜 조금인데? 옆에 살짝 보이는 것도 안 돼?"

"안 돼."

나는 아쉬운 마음에 여기는 한국이라 괜찮다고 말했지만, 로아는 고개를 양쪽으로 흔들면서 치마를 벗고는 미련 없이 옷걸이에 다시 걸어놓았다. 그제야 여름에 허벅지를 시원하게 드러낸 숏팬츠를 입은 나와 긴 청바지를 입고 있는 로아가 보였다. 어쩐지 같이 지내면서 로아가 종아리가 보이는 바지나 치마를 입은 모습도 본 적이 없었다. 로아는 더 고민도 하지 않고 옷은 진즉에 포기한 채 신발 코너를 기웃거렸다. 이렇게 가끔 로아가 하고 싶은 걸 못 하는 건 비단 종교적인 이유만이 아니었다. 동생의 의견을 지나치게 고려하는 것도 한몫했다.

"준호가 높은 하이힐 신지 말라고 하고, 화려한 옷들도 한국에서는 잘 안 입는다고 가져오지 말라 그랬어. 나 원래 하이힐도 좋아하는데."

로아는 여름용 샌들과 구두 하나를 집더니 둘 중에 뭐 살지 나에게 정해달라는 듯 눈빛을 보냈다. 마음 약한 나는 얼마나 저 나이에는 예쁜 게 얼마나 많이 하고 싶을까 싶어 둘 다 카트에 넣으며 말했다.

"뭘 골라. 그냥 둘 다 사줄게."

그 말에 로아는 활짝 웃으며 손뼉을 쳤다. 그런데 이제는 덕지덕지 까지고 때가 조금 묻은 듯한 네일이 또 눈에 들어왔다. 로아가 우리 집에 처음 왔을 때, 손톱은 온통 분홍색이었다. 블레싱 사진을 위해 드레스와 맞춘 색이라 생각했지만, 알고 보니 동생이 '강한 색은 별로'라고 해서 분홍으로 바꾼 거였다.

집에 와서 그녀는 휴대폰으로 여러 종류의 네일 사진들을 보여주며 말했다.

"나 원래는 이런 빨간색 좋아해."

어쩐지 여리여리한 분홍색이 마치 뱀에게 분홍색 구두를 신긴 듯 로아와 퍽 안 어울렸다.

"이젠 너무 길어서 내 손가락 보면 마녀 같아."

로아의 이 한마디에 나도 내 손을 살폈다. 네일아트가 손톱 뿌리에서 반이나 떨어져 나와 있는 걸 보고는 새로 할 때가 되었다고 생각했다.

그날, 나는 엄마와 같이 여자 셋이서 네일샵으로 향했다. 그런데 무슨 악마의 장난인지 로아가 또 마음을 바꿔 직원에게 흰색 계열의 여리여리한 느낌이 나는 디자인을 보여주는 것이었다. 나는 어리둥절한 표정으로 말했다.

"로아, 빨간색으로 하고 싶다며."

"근데 준호가 빨간색보다는 연한 색 위주가 예쁘대."

그 말에 나는 억지 미소를 한 번 지어주고는 마음을 가라앉히고 말했다.

"그래. 이해는 해. 준호한테 예뻐 보이고 싶은 거. 근데 하루 종일 네 손톱을 가장 많이 보는 사람은 너야. 네가 하고 싶은 걸 해. 여기 봐봐. 빨간색 예쁜 디자인이 얼마나 많아."

그때 옆에서 엄마가 끼어들었다.

"근데 빨간색은 좀 그렇지 않을까? 추석 때 어른들이 다 볼 텐데."

"엄마도 빨간색 좋아하지 않아?"

내 말에 엄마가 민망한 표정을 지으며 작게 중얼거렸다.

"맞아. 나도 빨간색 하고 싶어. 근데 제사 때 너무 빨간 손으로 음식하기가 눈치 보여서 못 하지."

순간, 세대와 문화, 종교가 뒤엉킨 공기가 잠깐 흘렀다. 나는 결심한 듯 눈을 부릅뜨고 둘을 번갈아 보며 말했다.

"로아, 너는 빨간색 디자인으로 다시 찾아봐. 넌 외국인이니까 괜찮아. 이런 건 남자 의견 안 들어도 돼. 그리고 엄마도 빨간색 해. 그 나이에 왜 다른 사람 눈치를 봐. 지금 1900년대 아니야. 욕할 거면 욕하라 해."

내가 목청껏 외치자 로아는 빨간색으로 하기로 마음을 고쳐먹고 기분이 좋은 듯 내게 물었다.

"씨스는 무슨 색으로 할 거야?"

나는 씨익 웃으며 말했다.

"난 파란색으로 물빛의 영롱함과 하늘의 무한한 자유로움을 표현할 거야. 난 아무의 허락도 필요 없거든."

그 말에 로아와 엄마가 동시에 웃었다. 우리는 나란히 셋이 앉아서 손을 올리고 네일을 시작했다. 꼿꼿이 앉아 있느라 허리가 아픈 것도 참고, 두 시간을 훌쩍 넘긴 채 네일을 하고 난 우리는 집에 도착하자마자 부엌의 샹들리에 조명 아래에서 손톱을 이리저리 살펴보며 환하게 웃었다. 새파란 손톱의 나와 새빨간 손톱의 엄마, 그리고 빨강으로 꽃을 그린 로아의 손톱까지 모두 영롱하게 빛났다.

밥을 먹을 때도, 컴퓨터 앞에서 타자 칠 때도, 심지어 이를 닦을 때 움직이는 내 예쁜 손톱이 너무 좋아 까무러쳤다. 누가 뭐라든 내 만족이 최고라, 이 말씀이야! 기껏해야 언제든 바꿀 수 있는 네일이지만, 로아도 부디 이 기회에 자신만의 만족을 느껴 보길 바란다.

그리고 다가올 추석, 나는 새로 산 파란 로브와 함께, 내 멋대로 갈 거다. 이게 바로 30대가 되어서야 알게 된 퀸의 마인드니까!

돼지고기를 포기한 동생

    드디어 이날이 오긴 오는구나! 이삿짐을 옮기는 날이!

    며칠 전만 해도 둘이 좋나겠구나, 했는데 말이다. 이제 끝이 보인다는 생각에 마음이 홀가분해지려던 차, 둘이 아침부터 바쁜 줄도 모르고 깔깔 웃고 있는 모습을 보니 내 속이 뒤집어졌다. 둘은 티셔츠 하나를 들고 "이건 가져갈까, 뺄까?" 하며 몇 분을 고민했고, 바지 하나를 꺼내 들고 또 이 셔츠에 이 옷이 어울릴까를 또 몇십 분 상의했다. 그 모습을 보는데 답답해 죽을 지경이었다. 계약서를 쓰기로 한 시간은 정해져 있는데 아직까지 짐을 반의 반도 못 싼 걸 보고는 마냥 기다릴 수 없어 내가 둘 사이를 훼방 놓았다.

"얘들아... 제발... 우리 시간 좀 지키자. 1시간 안에 다 쌀 수 있어? 밥솥은 챙겼어? 그릇은?"

그러자 동생이 기가 찬 소리를 했다.

"아직 많이 남았는데... 계약서 쓰는 시간 조금 미루면 안 되겠지?"

나는 표정을 일그러뜨리며 눈을 부릅뜨고 말했다.

"장난해?"

그제야 둘은 짐을 하나씩 거실에 내놓기 시작했고, 나와 엄마의 재촉 아래 동생은 필요한 짐을 모두 차에 실었다. 다행히 우리는 약속한 시간에 맞춰 도착했고, 집주인과 마주 앉아 계약서를 작성했다. 모든 이야기가 끝나자마자 우리는 엘리베이터도 없는 3층 계단을 오르내리며 짐을 옮겼다. 배고파진 우리는 자연스럽게 외쳤다.

"이삿날엔 짜장면이지!"

이럴 때만 이심전심(以心傳心)인가?

정말 그때까지 아무 생각도 없었다. 짜장면은 말 그대로 면 아닌가. 우리는 서둘러 중식당으로 향했고, 짠돌이 동생이 도와줘서 고맙다며 탕수육까지 시켰다. 로아는 중식을 처음 먹어봐서 뭐가 뭔지 하나도 모른다길래 내가 뜨끈뜨끈한 국물이 예술인 우동을 추천했다. 반의반도 못 먹을 걸 알지만 남겨도 되니 먹을 수 있을 만큼만 먹으라고 했다. 그러나 잠시 후, 식탁 위에 놓인 걸쭉한 노란 소스가 흘러넘치는 탕수육을 보고는 로아의 표정이 시무룩해졌다. 그리고 동생을 보며 쫑알쫑알 말했다.

"베이비... 나 돼지고기 못 먹는다고 했잖아. 탕수육이 돼지고기라고 왜 말 안 했어?"

그 말에 식탁 위 공기가 싸해졌다. 그렇다. 로아는 돼지고기를 못 먹는다. 엄격한 무슬림이 아니라고 하지만, 돼지고기만큼은 종교적 신념을 철저히 지킨다. 내가 못 먹는 건 아니기에 별로 상관없었다. 그렇다고 생각했다. 그런데 돼지고기가 우리나라에서 워낙 보편적으로 쓰여서 그런지 외식할 때마다 아차! 싶은 순간들이 생기는 것이다.

이번에도 음식이 다 나오고 나서야 깨달았다. 식탁 위 모든 메뉴에 돼지고기가 들어 있다는 사실을. 짜장면은 돼기고기 기름으로 만든 것이고, 탕수육이 돼지고기라고 진작 생각도 못 한 동생은 당황하며 메뉴판을 뒤적였다. 그리고는 서둘러 사장님을 불러 칠리새우를 추가로 주문했다.

"나중에도 이러면 안 돼."

로아는 기어코 동생에게 서운함을 표현했다. 이사하고 음식 하나 먹는 것도 이렇게 긴장감이 넘치다니.

그러나 안타깝게도 그게 끝이 아니었다. 그 후로도 종종 같은 일이 벌어졌다. 음식을 같이 먹을 때면 혹시나 돼지고기가 들어간 음식을 인지하지 못한 건 아닌지 깜짝깜짝 놀라고, 가슴을 쓸어내리길 반복했다. 심지어 집에서 짜파게티를 끓였을 때도 로아는 봉지 그림을 가리키며 물었다.

"여기 혹시 돼지고기 들어가?"

동생이 머뭇거리자, 로아는 대답이 못 미더웠는지 직접 번역 앱으로 봉지 성분표를 찍어 확인했다. 그러더니 돼지고기 성분이 들어 있는 걸 보자마자 젓가락을 내려놓았다.

어느 날은 엄마가 돼지갈비를 해 놓고 준호에게 전화를 걸었다. 음식 가져가라고 하자 동생의 목소리가 이상하게 가라앉았다.

"나도 이제 돼지고기 못 먹어."

"왜?"

"앞에서 먹으면 좀 그렇잖아."

"탕수육도? 삼겹살도?" 내가 놀라며 큰 목소리로 다급히 물었다. 그러자 동생은 기어들어 가는 목소리로 "응..." 하고 대답했다. 로아가 준호에게도 돼지고기를 먹지 말라고 한 듯했다. 그 말에 나는 폭소를 터뜨렸다.

"와, 이건 진짜 찐사랑이다!"

돼지고기를 포기한 동생이라니. 내가 알던 그 녀석이 맞나? 그래, 자기 인연을 찾는 대가로 돼지고기 하나 못 먹는 게 대수냐.

동생의 중대 결심에 큰 충격을 받은 나는 이제껏 내가 얼마나 물러터진(?) 연애관을 가졌는지 알 수 있었다. 나는 항상 이상형을 묻는 사람들에게 말했다. "술, 담배 안 하는 사람이 좋다"고. 그러면 하나같이 돌아오는 답은 같았다. "그런 남자 찾기 힘드니 기준을 좀 낮춰"라고.

그런데 로아는 지켜야 될 것과 아닌 것을 엄격하게 배우는 종교 아래에서 자라 무엇이든 명확했다. 그리고 결국 자신의 신념을 지킬 수 있는 사람을 선택했다. 다행이라 해야 할지, 아니면 천생연분이라 해야 할지 모르겠지만, 내 동생은 이슬람 종교에 위배 되는 술을 원래부터 안 좋아했다. 게다가 냄새나는 담배도 입에 댄 적이 없다. 취미라고는 오로지 운동뿐이다. 그리고 결국... 돼지고기. 최종적으로 그 신념마저 로아가 체크 메이트! 로아의 완승이다.

생각해 보면, 나의 전 남자 친구들은 사귀기 전 자기들이 하고 싶은 걸 내가 어디까지 허용할지 탐색했다. 그중에는 말 같지도 않은 말도 있었고, 애매한 말도 있었다.

"전 여자 친구랑 일 때문에 연락해야 하는데 괜찮아? 그런 거 이해 못 하는 사람이랑은 좀..."이라며 자신의 행동을 정당화하기 위해 날 이해심이 부족한 사람으로 만들던 이도 있었고, "나는 술자리가 많은데 괜찮아?"라며 쓸데없이 여러 모임을 전전하며 술을 안 마시면 손해라도 보는 듯 늘 눈을 벌겋게 뜨고 다니는 사람도 있었다.

그들은 내 마음을 얻는 것보다 자신이 하고 싶은 일을 계속할 수 있는지 확인하는 게 우선인 듯했다. 그들을 욕하진 않는다. 오히려 그런 건 나의 신념과 맞지 않는다고 명확하게 말하지 못하고 우물쭈물 넘어간, 서로 진심으로 사랑하는 게 더 중요하다고 생각한 순진했던 내가 바보 같을 뿐이다.

정확하게 자신이 무엇을 원하는지, 뭘 허용할 수 있는지 이야기하는 로아를 보며 돼지고기 같은 문제까지는 아니라 하더라도 주위 사람들에 의해 휘둘리지 않고 나도 내 신념을 정확하게 이야기해야겠다고 다짐했다.

"술 많이 마시고, 줄담배 피는 사람은 절대 못 만나요."

그리고 누군가와 이어지지 않을 걸 각오하고서라도 그런 말을 할 용기를 갖는 것, 그것이야말로 진짜 나다운 사랑의 시작이다.

그러고 보니 로아 말이 맞았다. 둘은 진짜 소울메이트였던 것이다.

이제 한여름을 놓아줄 때

　우리는 식사를 마친 뒤, 마지막으로 동생이 살던 기숙사에 남은 짐을 옮기러 갔다. 문을 열고 들어가자 동생이 혼자 쓰던 방에서 꿉꿉한 공기가 확 밀려왔고, 여기저기 짐들이 아무렇게나 널브러져 있었다. 나는 발을 이리저리 휘저으며 방으로 들어갔다가 미니 냉장고 위의 정체불명의 괴생명체를 보고 기겁을 했다. 언제부터 놔둔 건지도 모를 그릇 안에 초록색 곰팡이가 꽃처럼 끝도 모르고 자라고 있었다.

　"야! 여기서 도대체 어떻게 산 거야! 어휴, 진짜 게으르네."

내가 소리쳤다.

그러자 동생은 허허 웃으며 베란다로 걸어가 사람 키만 한 쓰레기봉투를 꺼냈다. 봉투 안에는 쓰레기가 꽉꽉 채워져 있었다. 엄마도 그걸 보고는 흠칫하며 말했다.

　"쓰레기를 이렇게 모아 놓으면 있던 복도 달아나겠다."

　"지금 버리려고 모아놨지롱."

　동생은 거대한 쓰레기봉투를 하나 더 꺼내며 말했다.

　입구에서 지켜보던 로아는 입을 떡 벌린 채 아직 들어오지도 못하고 있었다. 그리고 동생을 보며 얼굴을 잔뜩 찌푸린 채로 말했다.

　"베이비... 혹시 같이 살 집에서도 이럴 건 아니지?"

　"에이, 진짜 내 집에서는 안 그러지."

　동생의 대답에 나는 씨익 웃으며 로아에게 말했다.

　"사람은 쉽게 안 바뀌니까 지금 도망쳐도 돼."

　어떻게 해야 할지 모르는 로아를 밖에 두고 우리는 서둘러 기숙사 정리를 마치고 새집으로 다시 향했다. 일단 그곳에는 우리가 옮겨놓은 짐이 한가득 놓여 있었고, 에어컨만 달랑 있었다. 아직 침대도 냉장고도 없었다. 청소도 해야 했다.

　"오늘 어떡할래? 가구 다 오면 그때부터 지낼래?"

엄마가 말하자 둘은 싱긋 웃으며 고개를 저었고, 오늘부터 바닥에서라도 자겠다고 했다. 몸의 편안함보다 둘만의 공간이 더 필요한 젊은이들에게 그깟 가구 하루이틀 없는 게 뭐가 그렇게 대수겠나. 조금 불편한 건 사랑이 다 막아줄 텐데.

마지막으로 안 가져온 짐이 없는지 확인하는데 동생이 복장 터지는 소리를 했다.

"아! 닭가슴살 안 가져왔다!"

"다음에 네가 와서 가져가!" 내가 나가며 소리쳤다.

우리는 이제 드디어 모든 게 끝이 나 웃으며 손을 흔들었다. 엄마와 단둘이 집으로 향하는 차 안에서, 우리는 비어 있는 뒷자리가 살짝 섭섭하...기는 무슨! 너무 개운한 마음에 나는 엄마의 최애곡 멜로망스의 '고백'을 크게 틀었다. 우리는 노래를 열창하며 2주 만에 가장 밝은 얼굴로 어깨를 들썩이며 도로를 달렸다.

"엄마, 집 가면 일단 소파에 퍼져서 마라탕 시켜 먹자. 오랜만에 영화 한 판 때리는 거 어때?"

"생각만 해도 너무 행복하다!"

"이제 신경 쓸 사람 없다는 거 너무 편하지 않아?"

"당연하지. 짧은 시간 동안 너무 많은 드라마를 한 번에 겪어서 피곤해 죽는 줄 알았지.”

로아가 처음 우리 집에 온 날부터 새벽의 난동까지 지난날이 파노라마처럼 스쳐 지나갔다. 그 일들을 떠올리니 마치 꿈을 꾼 것 같기도 했다.

“그런데 로아는 결국 자기가 원하는 걸 다 얻었네. 어린 나이에 원하는 남자도 만나고, 부모님이 보태준 돈으로 낯선 땅에 유학 와서 재밌게 지내고. 남자 친구 가족이 모든 걸 다 지원해 주고. 물론 준호가 쉬운 상대는 아니지만. 이래서 사람은 자기가 원하는 걸 명확하게 말해야 하나 봐.”

그녀와 달리 이 나이에도 짝없이 동생의 이삿짐 포터가 된 내 기분이 썩 유쾌하지만은 않았다. 가을이 오려나 보다. 별것 아닌 것에도 괜히 쓸쓸해지니까. 엄마는 내 말을 듣더니 노래를 살짝 줄이고는 말했다.

“엄마는 누가 제일 부러운 줄 알아?”

“누구?”

“엄마 나이쯤 되면 한창 꽃 필 무렵의 로아보다 그래도 알거 어느 정도 알고, 주체적으로 살면서 일하는 네가 더 부러워. 젊은 여름은 한때고, 가을과 겨울이 더 기니까.”

나는 로아의 눈에 비치던 그 생기를 내게서 다시 찾지 못할까 봐 두려웠다. 그런데 어쩌면 이미 지나간 한여름의 끝을 붙잡고 있었던 건지도 모르겠다.

"엄마가 네 나이 때는 무조건 결혼해야 한다고만 생각했어. 근데 너는 하고 싶은 일 다 하고, 누구의 간섭도 없잖아. 얼마나 좋아. 결혼하라고 성질내는 엄마도 없고."

"내가 남자 복은 없어도 엄마 복은 있지. 그러니까 엄마 오래 살아. 나 말동무 해줘야지." 나는 엄마에게 눈을 찡긋했다.

"그리고... 이제 그만 다 보내줘. 너를 아프게 했던 일들도, 스스로 용서하지 못 했던 네 과거의 선택도."

내가 떠나보내야 할 건 한여름만이 아니었다. 젊은 계절과 함께 생채기 났던 상처들도, 자책, 비난의 목소리까지 모두 같이 보내야 했다.

"이렇게 냉소적으로 변한 내가 싫어. 나도 로아처럼 마냥 행복하고 순수했을 때가 있었는데."

"순수함을 잃어버린 게 아니라, 너를 지킬 만큼 강해지고 단단해진 거야. 순수함은 사라지는 게 아니야. 좋은 사람을 만나면 다시 그 모습을 드러낼 거야. 너는 좋은 사람이야. 그러니까 너무 자신을 몰아세우지 마."

시간이 흐른다고 해서 모든 기억이 사라지는 건 아니다. 하지만 그 시간을 어떻게 기억할지는 내가 선택할 수 있다. 그 때의 나는 나를 지키기 위해 최선을 다했고, 그 선택들로 인해 지금의 내가 만들어졌다. 그렇게 맷집이 세져서 이제는 어떤 일도, 누구도 나에게 쉽게 상처 줄 수 없다.

마치 파도가 지나간 듯 모든 걸 휩쓸고 지나간 자리에서 나는 다시 내 자리를 찾기 위해 컴퓨터 앞에 앉았다. 아무에게도 방해받지 않고 오롯이 나만의 시간을 즐기며 얼마 남지 않은 도서전 준비를 꼼꼼히 마무리했다. 그때, 로아에게서 연락이 왔다. 로아가 보낸 사진 속 동생은 바닥에 엎드린 채 걸레로 방을 청소하고 있었다. 좋아하는 여자와 함께할 공간을 마련해 들뜬 동생이 보여준, 가장 동생답지 않은 행동이었다.

그 후로 중국어 학원을 다니며 내 생활을 안정시켜 나갈 때쯤, 해외에서 전화가 왔다. 상하이에서 회사를 다닐 때 친하게 지냈던 언니였다.

"민지! 나 한 달 뒤에 갑자기 결혼식을 하게 됐는데, 내 들러리로 와줄래? 너무 갑작스럽긴 하지만 말이야."

나는 그 말에 벌떡 자리에서 일어났다. 정말 갑작스럽긴 했지만 날짜를 살펴보니 도서전 바로 다음 주였다. 미리 배워놓고는 '대체 이걸 어디다 쓰나?' 했던 중국어, 결국 이렇게 써먹을 날이 올 줄이야. 심장이 벌렁거렸다.

"들러리 드레스부터 정해야 하고, 게임이랑 식전 행사까지 중국 결혼식은 준비할 게 엄청 많은데 재밌을 거야. 너 요즘 중국어 공부한다며? 남편이랑 시어머니도 엄청 좋으시거든. 마음껏 이야기해."

나는 그 말에 너무 신이 나 침대에서 방방 뛰다가 앞에 놓인 긴 거울 속 유독 반짝이는 무언갈 발견했다. 그것은 촉촉하고도 광이 살짝 도는 눈동자였다. 연애에서는 잃어버렸던 눈빛이지만, 다른 곳에서 다시 빛날 줄 아는 깊이 있고 단단한 눈이었다.

"좋아! 나 갈래!"

장소는 내가 한 번도 가 보지 않은, 여행으로도 갈 일이 없는 중국의 도시 '정저우'였다. 나는 정저우에 대한 정보를 찾으며 내가 먹을 훠궈와 요즘 핫한 인형 등 내가 즐길 거리를 찾느라 또 정신없이 지내며 나도 모르게 내 인생의 가을로 자연스레 들어서고 있었다. 하지만 이제는 괜찮다. 여름에는 빛나지만 따가운 햇살이 있듯, 가을에는 쌀쌀하지만 총천연색으로 물든 아름다운 단풍이 있다는 걸 알게 됐으니까.

이제는 내가 1,200km를 날아서

　로아와 동생이 집을 나간 뒤 어느새 한 달이 훌쩍 지났다. 로아는 개학해 학교를 다니고, 동생도 회사에 출근하며 우리 모두 각자의 일상으로 돌아갔다. 동생은 로아가 한국에서 생활하면서 혼자 하기 어려운 일들을 도맡아 처리하며 지냈다. 학교 가는 길을 찾는 것부터 휴대폰 통신사, 등록금, 세금 문제까지. 도와주는 사람 하나 없이도, 동생은 문제를 하나씩 스스로 해결해 나갔다.

　가끔 로아가 집 근처의 숲이 울창한 공원에서 둘이 피크닉 하는 사진과 3년 동안 못 했던 데이트를 한꺼번에 몰아서 하는 듯 각종 데이트 사진을 찍어서 내게 보냈다. 둘을 내보내고 나면 다 끝난 줄 알았는데 이번엔 온라인으로 20대 커플의 애정을 강제로 확인했다.

내 생일 날, 그들은 주말 저녁에 고구마 케이크를 들고 집을 찾아왔다. "해피 버스데이!"를 외치며 들어와 로아가 나를 꼭 안았다. 낮잠 자다가 벌떡 일어났는데도 기분이 나쁘지 않았다. 엄마가 맛있는 음식을 한 상 차렸고, 동생이 평소에 뭘 못 먹은 사람처럼 입에 음식을 한 움큼 넣자, 로아가 섭섭했는지 질투하듯 말했다.

"나 이제 밥 안 해줄 거야."

그러자 무뚝뚝했던 남동생의 입에서 기겁할 말이 나왔다.

"네 밥이 최고야. 오늘은 너무 오래 굶어서 그래."

세상이 흔들리는 것 같았다. 동생이 한 달 새 어른이 되어 온 것이다.

케이크에 초를 꽂고, 노래를 부른 뒤 내가 촛불을 불려 하자 로아가 외쳤다.

"씨스! 소원 빌어!"

소원이랄게 딱히 없던 나는 깊이 생각하지 않고 외쳤다.

"그럼 난... 잘생긴 남자 친구 만나게 해주세요!"

그러자 로아가 또 진지하게 나를 가로막으며 말했다.

"돈은 안 많아도 돼? 잘생긴 얼굴은 씨스를 먹여 살려주지 못해."

스물다섯밖에 안 된 로아는 어쩜 이렇게 자기 생각이 분명할까. 그런 똑순이가 내 동생이 돈이 없다는 건 왜 모를까.

나는 로아의 말에 따라 다시 소원에 돈 많은 사람을 추가했고, 드디어 우리는 케이크를 먹을 수 있었다. 고구마 케이크는 너무나도 달콤했고, 내가 "원더풀!"을 외쳤는데 내 말은 듣지도 않고 둘은 자기들만의 세상인 듯 서로의 눈을 바라보며 말했다.

"자기가 고른 케익이잖아."

"아니야. 자기가 케익 사자고 했잖아."

나는 중간에서 "그래그래, 둘 다 참 잘했어."라며 비꼬았지만, 한편으론 마음이 따뜻했다. 가만히 보면, 로아는 동생을 치켜주는 말을 자주 했는데 그 점이 내 말투까지 돌아보게 만들었다. 나는 늘 동생에게 부족한 점만 지적했는데, 로아는 기다려주고, 좋은 점은 말해주며 결국 그가 스스로 자신을 바꾸고 싶게 만들었다. 이건 사랑만이 할 수 있는 일이다.

아, 물론 그렇다고 내가 누군가를 바꿀 수 있다는 착각에 빠지면 안 된다. 로아에게 그 일은 다른 걸 바꾸는 것보다 훨씬 쉽고, 설령 안 바뀌어도 자기 나라의 남자들보다는 훨씬 낫다고 생각했으니까. 자신이 참을 수 있는 것과 없는 것을 구분하고, 천천히 시간을 들여 기다릴 수 있는 일인지 스스로 확신이 서야 한다. 조금 달라질 수는 있어도, 본성 그 자체가 바뀌는 일은 없기 때문이다.

밥을 다 먹은 로아는 둘이 시내에서 찍은 인생네컷을 꺼내 보이며 말했다.

"내 남편!"

어디 남편 없는 사람은 서러워서 살겠나. 로아는 휴대폰 뒷면에 사진을 넣느라 정신이 없었다. 레고 만들 때 도와주던 것처럼 나는 휴대폰 사이즈에 맞게 사진을 다 잘라줬다. 로아는 자기 것을 다 꾸민 뒤 동생의 휴대폰까지 자기가 원하는 대로 꾸몄다. 그 일이 끝나자, 이 커플은 그제야 자리에서 일어섰다. 동생은 엄마가 싸준 반찬과 사과가 잔뜩 든 짐을 들고 엘리베이터에 올랐고, 문이 닫히는 동안 로아는 엄마와 나에게 손으로 뽀뽀를 날렸다.

짐을 든 채 로아 옆을 든든히 지키는 동생과 해맑게 웃으며 동생 팔짱을 끼고 있는 로아를 보니 이 둘의 첫날이 떠올랐다. 결혼할 남자의 집에 캐리어를 끌고 온 로아와 처음 여자를 가족에게 데려와 어색하게 서 있던 동생. 그때의 나는 두 사람이 이렇게 잘 지낼 줄 알았을까. 그날 나의 회의적인 예측과는 전혀 다른 두 사람의 모습을 보며 나는 비로소 깨달았다.

나는 사랑에 저항하고 있었던 것이다. 이제껏 부정했지만, 나는 누군가를 다시 사랑하고 싶다. 연애나 결혼이 하고 싶은 게 아니라, 이제는 좋은 사람을 사랑하고 싶다. 심장이 이제는 좋은 사람을 위해 뛰고, 살다가 슬픈 날이 오더라도 좋은 사람을 위해 견디고 싶다. 서로가 서로의 편이 되어 인생의 지저분한 일까지 함께하며, 그 사랑을 지키기 위해 대가도 치르면서 말이다. 나의 단호하고 까칠한 성격이 나를 지켜준 건 사실이라, 감사하기도 하지만 과거의 몇몇 부정적인 기억이 내 삶을 잡고 흔들지 않도록, 내 눈을 가리지 않도록 조금씩 마음의 눈을 열어야겠다.

그래서 다시 좋은 사람이 되고 싶어졌다. 우선, 좋은 사람의 정의를 다시 내렸다. 좋은 사람은 마냥 착한 사람이 아니다. 속이 단단하고, 따뜻하며 불의에 맞설 줄 아는 사람이다. 남에게 친절하되 나에게 그렇지 않은 사람을 끊을 줄 아는 용기도 있어야 한다. 그런 따뜻함과 온기가 나에게서 흘러넘쳐, 누군가를 감싸고 싶다. 내가 그런 사람이 되는 데 집중하다 보면 나도 그런 사람이 보이겠지. 그리고 나는 한 문장을 되뇌었다.

"나는 좋은 사람이야."

내가 나를 좋은 사람이라고 생각해야, 내가 나를 안아줄 줄 알아야 나도 상대를 안아줄 수 있다는 걸 이제는 안다. 혹시나 만나지 못한다고 하더라도 괜찮다. 사랑은 지금의 나보다 더 나은 사람이 되고자 노력하게 만드는데 이미 그 길 위에서 나는 좋은 사람이 되어있을 테니까. 내가 바라던 나를 만나는 거니까.

한 달 뒤, 나는 도서전을 성공적으로 마치고 정저우로 향하는 비행기에 올랐다. 또 다른 나라로 시선을 옮겨 새로운 빛을 담기 위해. 그리고, 그곳에서 좋은 사람을 보고 나도 더 좋은 사람이 되기 위해. 그렇게 앞으로도 사랑이 많은 사람들 틈에 나를 끊임없이 던져 놓을 것이다.

7,300km를 날아온 로아

발행일 2025년 12월 12일 초판 1쇄
지은이 추민지
발행인 추민지
펴낸곳 어텀브리즈

기획·편집 추민지
디자인 추민지
표지그림 이희연

출판등록 2025년 3월 19일 제2025-000006호
이메일 atbzbook@naver.com
인스타그램 @autumnbrzzz

ISBN 979-11-992094-1-1 (03810)